ENSAIOS SOBRE
mortos-vivos

ENSAIOS SOBRE
mortos-vivos

Volume I

The Walking Dead
e outras metáforas

Org. Diego Penha e Rodrigo Gonsalves
Tradução de Rodrigo Gonsalves

aller editora

Organizado por	Diego Penha e Rodrigo Gonsalves
Tradução	Rodrigo Gonsalves
Revisão	Omar Souza e Fernanda Zacharewicz
Capa	Rafael Brum
Projeto e diagramação	Sonia Peticov

Primeira edição: outubro de 2018

Dados Internacionais de Catalogação na Publicação (CIP)
(Câmara Brasileira do Livro, SP, Brasil)

Ficha catalográfica elaborada por Maria Alice Ferreira — Bibliotecária — CRB-8/7964

Ensaios sobre mortos-vivos: *the walking dead* e outras metáforas, volume I / org. Diego Penha e Rodrigo Gonsalvez; tradução de Rodrigo Gonsalves. — São Paulo: Aller Editora, 2018. — (Ensaios sobre mortos-vivos / coordenação Rodrigo Gonsalves, Diego Penha)

Vários autores.
Título original: *The walking dead.*
Bibliografia.
ISBN — 978-85-94347-10-7

1. Lacan, Jacques, 1901-1981 — Crítica e interpretação 2. Psicanálise — Ensaios 3. Psicanálise — Filosofia 4. Psicologia I. Penha, Diego. II. Gonsalves, Rodrigo. III. Série.

18-21251 CDD 150.195

Índices para catálogo sistemático
1. Ensaios psicanalíticos 150.195
2. Psicanálise : Ensaios 150.195

Av. Angélica, 1814 - Conjunto 702
01228-200 São Paulo S.P.
Tel: (11) 98266.2831
contato@allereditora.com.br
Facebook: Aller Editora

Sumário

Introdução

O jornalista americano William B. Seabrook (1884-1945) é considerado o responsável pela popularização da figura do zumbi nos Estados Unidos e, consequentemente, no mundo, pois é o autor da primeira referência na literatura na qual os "mortos-vivos" fazem sua aparição. Em 1928, ele realizou uma expedição ao Haiti com o intuito de investigar, experimentar e registrar os mistérios da ilha caribenha. Seu interesse estava particularmente focado nos ritos e nas narrativas do vodu. Sua experiência é narrada no livro *Ilha da magia: fatos e ficção*,[1] publicado em 1929. O livro foi um *best-seller* nos Estados Unidos, o que favoreceu a difusão da ideia de "zumbi" no imaginário popular americano, levando-a aos cinemas e lançando-a no mundo.

Durante a expedição, o jornalista conta ter ouvido falar sobre um tipo de feitiçaria vodu que fazia cadáveres recém-enterrados voltarem a caminhar. Após algumas tentativas frustradas de conseguir um encontro com os tais zumbis,

[1]O relato de Seabrook é definitivamente uma das primeiras publicações na qual a figura do zumbi aparece. Entretanto, Russell infere que *Ilha da Magia* é provavelmente a primeira vez que os zumbis aparecem na literatura antropológica e fantástica.

Seabrook é surpreendido por seu guia, que euforicamente o arrasta até uma plantação para que pudesse testemunhar com os próprios olhos:

> A mulher era uma negra alta, de rosto inexpressível, e olhou-me sem benevolência. Minha impressão dos três zumbis, que continuavam a trabalhar, foi a de que eles tinham realmente alguma coisa de estranho. Seus gestos eram de autômatos. [...] O mais horrível era o olhar. Os olhos estavam mortos, como se fossem cegos, desprovidos de expressão. Não eram olhos de um cego, mas de um morto. Todo o semblante era inexpressivo, incapaz de expressar-se. (SEABROOK, s/d, p.84)

Após vivenciar essa experiência estranha, o antropólogo buscou um colega médico, também americano, que morava no Haiti para explicar o que ele havia testemunhado. O colega ofereceu uma explicação que aparentemente o satisfez. Disse-lhe que o que ele havia presenciado eram haitianos sendo explorados em troca de entorpecentes, dos quais estavam sob o efeito. Inclusive apresentou a Seabrook o Código Penal da República do Haiti:

> Artigo 249: É também considerado atentado à vida de uma pessoa o emprego feito contra ela de substâncias que, sem produzir a morte, causam um efeito letárgico mais ou menos prolongado, quaisquer que sejam as consequências. Se, por efeito desse estado letárgico, a pessoa for enterrada, o atentado será considerado assassinato. (SEABROOK, s/d, p.85)

A partir dessas informações podemos começar a desenhar algumas questões acerca do fenômeno que a designação "zumbi" começa a circunscrever. Quando Seabrook narra sua experiência, ele inicia o que ficou marcado como a primeira definição de "zumbi": mulher, negra, incapaz de se expressar, estranhos, talvez drogados, são alguns dos adjetivos utilizados para descrever a primeira impressão do antropólogo.

Não abordando esse discurso por uma análise histórica que julgue o caráter moral de Seabrook, de fato há nesse primeiro encontro uma delimitação clara entre o que ele considerava normal e anormal/estranho. O ponto que gostaríamos de salientar é que exatamente nesse momento histórico circunscrito em que a imagem do zumbi deixou de ser uma experiência local haitiana e introduziu-se na cultura popular americana, essa imagem já estava sendo utilizada para qualificar "o outro".

"O outro", nesse caso, está duramente marcado pela diferença étnica e racial, para não falarmos de gênero. Soma-se a essa hipótese que, em decorrência de sua experiência, Seabrook busque alívio para sua angústia no saber biomedicinal de seu compatriota, talvez o que ele compreendia como "porto seguro" nas terras obscuras do Haiti. Mesmo que esta análise do discurso de Seabrook seja mais indutiva do que reveladora, não oblitera a persistência desse tipo de qualificação do "outro" na imagem do zumbi durante as décadas. Seabrook apresenta ainda em seu livro uma história que lhe fora contada em sua estadia no Haiti.

Dez anos antes, em seu texto chamado *O estranho* (1919), Freud já havia trabalhado com essa inquietante posição na qual um sujeito é posto quando defrontado por esse "outro" irreconhecível. Buscando uma etimologia na palavra alemã — *unheimlich* — que designa essa estranheza, Freud encontra certa ambiguidade conceitual, impulsionando-o para uma nova concepção do que significa isso que é o estranho. Freud constata que a palavra *heimlich*, que naturalmente deveria denotar o oposto de *unheimlich* (devido ao prefixo negativo *un*), quando o faz acaba por produzir certa ambivalência. Em sua busca etimológica, Freud encontra que *heimlich* definiria uma espécie de sensação de familiaridade, algo entre o conforto e o acolhimento. No entanto, o termo também designaria o sentimento de intimidade a ponto de também definir uma familiaridade obscura, um conhecimento místico. A essa altura, Freud afirma que os termos convergem, pois também cabe a *unheimlich* conter essa intimidade inquietante.

Assim, Freud parte para as formulações sobre essa sensação psíquica. O que hoje é percebido como estranho, certa vez fora prazeroso e, devido ao mecanismo de recalque, rejeitado pela consciência como conteúdo de extrema nocividade. O estranho "[...] é aquela categoria do assustador que remete ao que é conhecido, de velho, e há muito familiar" (FREUD, 1919, p. 238). Mas apenas recalque não é o suficiente para que algo se torne estranho, pois também é necessário que esse "algo" retorne à consciência como uma ameaça, pois caracteriza o estranho, "[...] algo que deveria ter permanecido oculto, mas veio à luz" (FREUD, 1919, p. 258).

Não poderíamos deixar escapar que Freud recorre ao retorno dos mortos, principalmente de nossos familiares, como um exemplo representativo do medo produzido por um sentimento de estranheza. O morto que retorna, ou seja, o morto-vivo em forma de espírito, fantasma ou zumbi, é um exemplo puro da categoria do estranho com o horrível. Apesar de Freud não necessariamente explicitar uma diferenciação, o destaque está na potência representativa dessa imagem como ameaça estrangeira:

> Muitas pessoas experimentam a sensação [estranha], em seu mais alto grau, em relação à morte e aos cadáveres, ao retorno dos mortos [...]. De fato, podíamos ter começado nossa investigação [sobre o estranho] com esse exemplo, talvez o mais impressionante de todos, de algo estranho, mas abstivemo-nos de o fazer porque o estranho nesse exemplo está por demais miscigenado ao que é puramente horrível, e é em parte encoberto por ele. (FREUD, 1919, p. 258-259)

Mesmo assim, Freud arrisca-se em uma breve interpretação dessa imagem quando afirma que "[...] é muito provável que o nosso medo ainda implique a velha crença de que o morto torna-se inimigo do seu sobrevivente e procura levá-lo para partilhar com ele a sua nova existência" (FREUD, 1919, p. 259). Trata-se de uma fantasia infantil de que o contato com o morto levará a vítima a compartilhar sua sorte — a morte. Essa ideia de contágio manifesta-se na paranoia narcísica em relação à castração. Segundo essa fantasia infantil, o morto teria inveja do *viver* de suas vítimas, assim buscando privar-lhes desse *bem*. Tal fantasia pode ter se originado de uma concepção simples, ainda que soe óbvia, de que morrer é "ruim", como nos diz Freud: "A morte é, em geral, encarada como o mais grave de todos os infortúnios; daí acreditar-se que os mortos estejam extraordinariamente insatisfeitos com sua sorte" (FREUD, 1913 [1912-13], p. 73) e, portanto invejariam a capacidade de satisfação dos vivos. O morto invejaria os vivos que, por consequência, teriam medo de serem alvo de ataques. Assim, esse morto insatisfeito "[...] tem inveja dos vivos e anseia pela companhia dos velhos amigos; não é de admirar, portanto, que envie doenças para causar a morte deles [...]" (FREUD, 1913 [1912 -13], p. 73).

Dessa forma, localizamos no convite feito por Freud um termo-chave que nos serve muito bem para se pensar a tensão dos limites entre o sujeito e a sociedade. Vê-se prescrito nessa formulação freudiana o elemento que convida a Psicanálise a encarar os mortos-vivos não apenas enquanto folclore cultural, mas também como uma reminiscência anímica integrada simbolicamente na realidade e que designa, por meio desse, uma figura do sofrimento humano extremamente cabível à atualidade. Falamos aqui da investigação necessária acerca da narrativa do terror e das metástases do horror, hoje tão cruciais na compreensão da gramática do sofrimento enfrentado na contemporaneidade. E não por menos, a figura que, por um lado, encarna com excelência elementos psicossociológicos, que dispõe em seu aspecto mítico a retomada da imagem daqueles que atravessaram o Acheronte e que encontraram um caminho de volta, conta, por outro, com o imaginário já da crença haitiana de que o escravo, quando morto, poderia ser ressuscitado para trabalhar com escravo-zumbi para sempre.

Assim, o convite aqui é justamente o de dar dignidade ou promover outro lugar para os mortos-vivos que imperam hoje em na nossa cultura. Trata-se da possibilidade da construção reflexiva desse lugar, desse personagem. O convite se estende a autoras e autores brasileiros e internacionais de campos como Filosofia, Psicanálise, História, entre outros. Em suma, buscamos textos que tenham algo a dizer sobre uma ou várias faces desse personagem originariamente subdesenvolvido que conquistou um lugar dentro do panteão dos grandes monstros da História. Dessa maneira, a presente obra reúne artigos que discutem a figura popular dos zumbis e/ou desmortos. Presentes na literatura, no cinema, no folclore, nos quadrinhos e em diversas mídias, os mortos-vivos convidam diferentes abordagens teóricas a lidar com o retorno dos dejetados. A pluralidade de interpretações em torno desse personagem ganhou distintas roupagens ao longo do tempo, acrescentando-se, com fascínio, inquietação e estranheza, algo novo ao lugar abjeto presente em nossa sociedade. Atualmente, em nossa cultura, vemos expresso, na encarnação desses que retornam dos mortos, o lugar crítico necessário da expressão das contradições sociais.

Diego Penha
Rodrigo Gonsalves

Sobre os autores

Diego Penha é psicanalista, doutorando em Psicologia Clínica pela Universidade de São Paulo (USP). Mestre em Psicologia Social pela Pontifícia Universidade Católica de São Paulo (PUC-SP). Possui graduação em Psicologia pela Pontifícia Universidade Católica de São Paulo (PUC-SP). Membro do Grupo de pesquisa CNPq Sujeito, sociedade e política em psicanálise (USP) e do Laboratório Psicanálise Política e Sociedade (PSOPOL). Atualmente pesquisa as relações entre Psicanálise, Política, Arte e Horror. Autor dos livros: *Psicanálise e Cinema: filmes curam?* (Zagodoni, 2018) e *Teorias de Freud: Descobrindo o Inconsciente* (Discovery, 2013). Editor da revista digital *Lacuna: uma revista de psicanálise* (lacunarevista.com). Colunista de cinema e quadrinhos para o site Mob Ground (mobground.net).

Rodrigo Gonsalves, é psicanalista. Graduado em Psicologia e Filosofia. Mestre em Filosofia pela European Graduate School (EGS) na Suíça. Doutorando (PhD) pela European Graduate School (EGS) em Filosofia, Teoria Crítica e Artes, sob a supervisão de Alenka Zupančič e Mladen Dolar. Co-autor da obra *Combate à Vontade de Potência* (Annablumme, 2016) e autor do capítulo *Etnicidade e Classe* para o Manual de Etnicidade (Palgrave MacMillan, 2019). Integrou o grupo de estudos de História Política da Psicanálise (USP/PUC-SP), atualmente é membro do CEII (Círculo de Estudos da Ideia e da Ideologia), participa como membro editor da revista *Crise e Crítica* (América Latina), membro editor do blog político *Lavra Palavra* (lavrapalavra.com) e integra o corpo editorial da revista virtual *Lacuna: uma revista de psicanálise* (lacunarevista.com).

1. Zumbis, fantasmas, vampiros e frankenteins

Christian Ingo Lenz Dunker

Introdução

De todas as formas assumidas pelo romance, desde a aurora da modernidade, o terror é a que nos parece mais atual e a que menos experimentou alterações e experimentações. Consolidado no romantismo do século XIX, o gênero literário do terror adquiriu, ao longo do tempo, excepcional capacidade para conciliar mutação de cenários com relativa preservação de enredos. Prova disso é sua variação de meios: adaptações dos contos dos Grimm, crepúsculos vampirescos, quadrinhos de Lovecraft, ópera gótica, rock metálico de Black Sabah a Sepultura. Nenhum outro gênero o supera na arte da ressureição de heróis, tais como Jason dos 12 filmes da série "Sexta-feira 13" (incluindo *Freddy vs. Jason*), Jigsaw de *Jogos mortais* ou o nosso Josefel Zanata (o verdadeiro nome de Zé do Caixão), herói de *À meia noite levarei sua alma* (1963). O terror não esmorece com a repetição porque mantém com ela uma relação estrutural. O terror parece ficar mais forte e se dissemina com o reencontro da mesma combinação já conhecida entre excitação e temor. A estética de sua recepção retoma o que experimentamos quando éramos crianças e queríamos ouvir a mesma história de novo, em todos os seus detalhes sórdidos, com bruxas, lobos, madrastas e vilões. História que tem em seu centro a evocação da angústia entre duas séries — a série da ameaça, da alusão, do vazio; e a série da realização, do corte e da presença do corpo.

Nessa direção, Freud distinguiu o terror baseado no retorno de experiências que negamos em nós mesmos, o retorno da verdade e o terror que explora a suspensão de crenças e o nosso sentimento de realidade, ou seja, o retorno no Real que desconstrói a unidade e a identidade de nossa experiência. Mas, nesse caso, não é apenas o retorno no Real daquilo que não se inscreveu ou não se afirmou no Simbólico, mas também o retorno no Real daquilo que não se inscreveu no Imaginário. Preocupados com a simbolização como principal dispositivo de subjetivação clínico da psicanálise, esquecemos de que a imaginarização não é apenas alienação e objetivação reificante da falta e da castração. Imaginarizar é também criar novas formas e incidências da imagem, novas narrativas, inventar lugares e tempos ainda não acontecidos, criar incertezas que denunciam o que os surrealistas chamavam "esse pouco de realidade".

É preciso ter esses dois elementos combinados, a corrupção da intimidade e a crítica da realidade, para estarmos de fato no universo do terror. Por isso, o terror, como gênero discursivo, explora um regime de relação incerto entre ficção e documentário. Ele pode servir para demonstrar a tese psicanalítica de que a fantasia organiza nossa relação com a realidade, ou seja, que é falso e ideológico supor uma oposição polar, na qual, de um lado temos a ilusão, a fantasia e a vida privada interior, e de outro, temos a realidade em si mesma, sólida e indiferente a nossas interpretações e leituras. Essa separação aliás, denuncia dois estados problemáticos da fantasia: aquele no qual há, como dizia Freud, uma "fuga da realidade", como nos devaneios históricos, nos estados de dispersão e dissociação; e o seu correlato menos conhecido, que é a "fuga para a realidade" com seus estados de ansiedade expectante, sua orientação para a ação e para a exteriorização de conflitos. Devemos olhar para a função ideológica da fantasia, descrita por Žižek como um conjunto de estratégias formativas da imagem, estratégias que envolvem a escolha e a convergência de perspectivas, a solução para o problema da representação, a combinação técnica da cor, da forma e da luz, bem como o ponto de posicionamento do olhar para o qual a imagem faz enquadramento. Reduzimos, nesse conjunto de problemas formativos do imaginário, duas questões que parecem circunscrever o campo do terror: a verdade como contingência em estrutura de ficção e o real como impossível que não cessa de não se inscrever. Isso se apresentará, historicamente, no caso do terror, como narrativa que problematiza a intimidade e como narrativa que problematiza o corpo.

A narrativa da intimidade traz intriga, suspense e mistério, enquanto o discurso de corrupção da realidade investe em outros mundos possíveis, fantásticos e sobrenaturais. Hawthorne (1804-1864) e Poe (1809-1849) inauguram o primeiro tipo. Neles proliferam coincidências insólitas, estranhamentos e superstições, mas seus personagens são marcados pelo retorno da vilania deste mundo. Eles torcem nossa relação com a verdade, mostrando coisas que já sabíamos, mas preferíamos esquecer. Partindo de signos de segurança, como a casa, a família e a vida cotidiana, somos levados a perversidades obscuras. Moral da história: a verdade está em outro lugar, o horror baseia-se no fato de que estamos enganados, de sermos traídos ou abandonados.

Aqui estamos diante de dois tipos protagonistas: o fantasma e o vampiro. Sua irrealidade declarada permite que a verdade do simbólico possa ser tematizada. O retorno das dívidas herdadas — do fantasma do pai — em Hamlet é a matriz fundamental desse ajuste de contas entre vivos e mortos. O vampiro parece uma variação desse personagem, uma vez que é produto já de um retorno ao medieval, um descentramento temporal a partir do qual a ideia de mortalidade pode ser negada, e em seu lugar surge uma espécie de hipérbole do desejo. Segundo Bram Stoker, é a vítima que voluntariamente pede para que o Conde Drácula entre em sua casa, em contraste com o fantasma que é sempre a aparição de algo que já estava dentro de casa, ainda que não nos lembrássemos ou que o negássemos.

O segundo ramo do terror como gênero literário deriva de Hoffman (1776-1822) e Lovecraft (1890-1937), e se orienta para a crítica de nossas crenças na natureza da realidade.

Aqui não é a verdade, mas o *real que está em outro lugar*. O horror decorre da aparição de algo que não tem forma, nome ou sentido. Sua imagem é suspeita. Não sabemos se o próprio texto é um relato descritivo, um sonho, uma ilusão ou a presença de realidades até então desconhecidas ou mal conhecidas. A narrativa prefere partir do insólito para nele reencontrar o signo do maldito, opressivo e macabro que nos põe em contato com criaturas e seres de outros mundos.

Enquanto Drácula é um conde e o fantasma do pai de Hamlet é um rei, Frankenstein é um mero boneco fabricado com restos humanos, um experimento sobre a diferença entre um conjunto de órgãos e um corpo, um sub-humano protótipo dos replicantes de *Blade Runner* e de todos os *Exterminadores do futuro*. Enquanto Hamlet se questiona sobre o que o autoriza em seu ato e Drácula submerge no tédio de uma vida sem fim, os zumbis repetem indefinidamente um comportamento que não comporta descontinuidade — portanto, não faz ato — no quadro de um destino não reflexivo, desesperado e sobrevivente — portanto, sem desejo.

Terror e pornografia prosperam como gêneros que acentuam a vivência real no corpo, de prazer ou de angústia. Sintoma, mas também antídoto narrativo contra a banalidade do real e a inconsequência da verdade. Lembremos que o terror e o estranhamento são experiências que nos acontecem na vida real, mas com exceção das crianças, raramente somos levados a questionar o valor de realidade das experiências de terror, a não ser quando elas se tornam traumáticas. Diante de um fato muito violento ou de extrema angústia podemos demorar muito considerando o valor de realidade do que teria acontecido. Por exemplo, quando perdemos um ente querido com quem tínhamos uma convivência próxima, é comum sentirmos que, apesar de saber que tal pessoa morreu, não conseguimos acreditar na realidade de tal acontecimento. Há aqui o processo que Lacan chamou *realização* em seu duplo sentido de passagem do símbolo ou da imagem ao real, realização do simbólico e realização do imaginário.

Alienação Zumbi

Psicanálise e gênero literário do terror são contemporâneos históricos e tributários de um grande tema comum, a alienação, a perda da alma, a experiência social e psíquica de perder o que há de mais próprio em si. A alienação é antes de tudo como uma patologia do déficit de reconhecimento de nosso próprio desejo. Aquele que não quer saber disso no fundo é porque já sabe demasiadamente do que é feita sua vontade. O alienado é alguém que sofre com uma espécie de excesso de determinação de seu desejo, como Fausto de Goethe. Em Hegel há duas incidências diferenciais da alienação, como *Entfremdung*, ou seja, como estranhamento e incapacidade de reconhecer-se no outro e como *Austäusserung*, ou seja, como incapacidade de reconhecer-se no produto de seus atos, sejam eles atos de palavra, trabalho, desejo ou pensamento. O estranho como consciência que não se reconhece no outro, no para (*an sich*) e a consciência que não se reconhecer em seus objetos e ações (*für sich*). Estas duas formas de alienação correspondem a dois tipos de loucura, uma na qual estamos demasiadamente voltados para nós mesmos e outra na qual estamos fora de nós mesmos.

O equivalente narrativo da alienação é naturalmente a criatura indeterminada, autônomo ou autômato, humano ou inumano. Kleist em *A Vida das Marionetes* (1810) descreve o sentimento de ser comandado por outro. Shelley em *Frankenstein* (1831) acrescenta a isso o sentimento de perda da unidade e origem. Finalmente Balderstone com *A Múmia* (1932) evolui o problema para a dimensão da alma sob a qual não se sabe se está viva ou morta, revitalizando em metafísica materialista a antiga tradição dos fantasmas. O ponto característico nesta linhagem do terror é que o protagonista restringe sua vida a um único objetivo, um único desejo, que é perseguido de forma irreflexiva, automática e inflexível. O semi-humano de *A Volta dos Mortos Vivos* (ROMERO, 1980) anda lentamente, come carne humana e está sem lugar no mundo depois que deixou o túmulo. Para ele a vida tornou-se uma mera função que se repete de modo insensato, coletivo e indiferenciado. Os zumbis não podem propriamente morrer, pois o que está em questão é justamente seu estatuto de vivente. Por isso são mortos impunemente, como o *homo sacer* de Agamben. Rigorosamente não são mortos, mas desfuncionalizados e pela separação entre corpo e cabeça. A maior parte das narrativas zumbis descrevem que eles só podem ser desativados com um tiro na cabeça, ou com um desmembramento que separe a parte decisória da parte operativa do corpo. São os trabalhadores que não dormem, os lumpen despossuídos até deles mesmos, os *noias* e "craqueiros", os refugiados e imigrantes boiando no Mediterrâneo ou reduzidos às cruzes na fronteira entre México e EUA, são as massas errantes africanas, os velhinhos que pesam na previdência. São todos estes zumbis que parecem "atrapalhar" a marcha funcional das vidas dotadas de valor contra as vidas que obstruem os processos produtivos. Ao custo de vigorosas deformações, a frugalidade, insipidez ou superfluidade de nossas vidas, sem alma, quando nos demitimos de nosso próprio desejo adquire visibilidade trágica e universal. Estas figuras que não querem saber, mas apenas agir. Encontramos aqui uma das montagens mais comuns da fantasia inconsciente. Quando nela só há espaço para o objeto e quando a sombra deste objeto cai sobre o eu sobrevém o desamparo e a melancolia.

Nosso fascínio pelas narrativas de terror e boa parte de sua benéfica ação psicológica decorre do exercício com a própria fantasia, da tensão entre o que não se deve saber e o que não se pode acreditar. O filme de terror pede que coloquemos as mãos na frente dos olhos, tentando controlar o limiar entre excitação transgressiva e horror traumático, como que a negociar a presença de um estranho fragmento de verdade sobre nosso próprio desejo e o horror despertado por este grão de real, que é o objeto de nossa angústia. Fugimos da verdade dizendo: *"não quero saber"*, mas evitamos o real nos convencendo de que "é só imaginação". O gênero do terror mostra como estas duas atitudes reunidas definem a fórmula fundamental do autoengano. A moral das histórias de terror reza que pagamos um preço alto demais para *continuar dormindo sem saber*. Se a grande metáfora pós-moderna do progresso e da conformação do eu aos dispositivos de saúde, higiene e cuidado afirma que a transformação é sempre possível e desejável, o terror lembra que há mudanças súbitas, irreversíveis e orientadas para o pior.

Os órgãos sem corpo de Frankenstein

Encontramos aqui a segunda estratégia discursiva do terror, compatível com uma experiência de *desregulação do espírito*. Em vez da fixação cega em um objeto, aqui o terror se infiltra pela multiplicação ou fragmentação indefinida do eu, privando-o de sua unidade e totalidade. Os elementos adquirem o valor de funções e as funções são destituídas de suas finalidades. Uma parte do corpo ganha vida própria e autonomia em relação ao resto. Em *O iluminado* (1980), as funções de um hotel, construído no solo sagrado de um antigo cemitério indígena, começam a impor a Jack Nicholson, uma obsessão com seu trabalho. Ao contrário de outros filmes de horror, que enfatizam as sombras como metáfora visual para o desconhecido e misterioso, Kubrick constrói as cenas com excesso de iluminação, mas sem focar objetos e personagens diretamente. Isso produz a incômoda sensação de que por mais visível que determinado traço se mostre, ainda assim não o conseguimos apreender corretamente. Perfeito para mostrar o disfuncionamento sistêmico e interno ao conjunto, em cujos elementos o eu se multiplica e fragmenta. O efeito de terror advém dos aspectos esquizoides da montagem da fantasia. Presentes literariamente no tema romântico do duplo, desde *Dr. Jeckyll and Mr. Hyde* (STEVENSON, 1886), até *Gêmeos — Mórbida semelhança* (CRONENBERG, 1988), e desde *A metamorfose* de Kafka (1915) até *A mosca* (NEUMANN, 1958) a esquizoidia é sentimento de quebra, fragmentação e estranhamento de si. Não se trata de perda da alma, mas do desregramento das formas pelas quais ela poderia ser reconhecida. O corpo próprio torna-se estranho, o outro não nos reconhece mais, experiências de disjunção entre partes e elementos, de estranhamento entre eu e outro. Ocorre uma espécie de possessão do desejo pelos interesses do sistema, ou seja, pelo Outro.

Fantasmas e seus objetos intrusivos

Mudando radicalmente cenários, exagerando grotescamente personagens e apelando para intensa ficcionalidade, a retórica contemporânea do terror explora fartamente o caráter intrusivo da sexualidade, do estranhamento corporal, da solidão e da angústia. Freud abordou transversalmente o tema do terror no espectro do que ele chamou *Unheimlich* — palavra de difícil tradução, pois equivaleria ao ponto no qual o familiar se torna estranho e o estranho, familiar. O estranho, nesse sentido do *Unheimlich*, é tanto o que vem de longe, de outro país, de outra cultura, de outro mundo, de outro corpo, quanto o que está no mais íntimo de nós, mas que não deve ser dito, expresso, sentido ou revelado. Horror e terror são efeitos que acontecem nessa zona de transição entre o sentimento de segura familiaridade e de perigosa alteridade.

É nisso que o terror se afina com a experiência adolescente que, aliás, se fortalece como público consumidor emergente desse gênero. Mas desde que não pensemos na adolescência apolínea, para a qual os adultos sonham retornar, mas na adolescência sombria, porém sincera, que percebe como apodrecemos tediosamente entre o passado empobrecido e a trivialidade do futuro. Daí que, tanto para essa estratégia de indução do terror quanto para essa forma de vida, o passado seja tratado com detalhado respeito em meio a hierarquias medievais, tradições sagradas e mitos fortificados; daí que, para ambas, o futuro seja radicalizado em seu aspecto mais real e inescapável, a saber, a morte e suas experiências adjuvantes, com corpos em decomposição, desamparo, agonia e sofrimento. Nesse sentido, o terror, como linguagem crítica, denuncia nossa voracidade em suturar, por meio de um objeto, o intervalo entre a realidade bem constituída e a verdade socialmente compartilhada.

Nos anos 1980, alguns teóricos do cinema desenvolveram, a partir da psicanálise, o conceito de sutura (inicialmente usado na matemática) para designar esse efeito que nos faz completar uma cena com aquilo que ela não mostra. Por exemplo, aquele gesto de um personagem que é logicamente necessário para a continuidade da cena, mas que não é mostrado. Quando se filma um diálogo a câmera pode passar do plano ao contraplano enquadrando a face dos personagens, mas também nos fazendo induzir as reações, que não são mostradas ao mesmo tempo no outro. Os melhores efeitos de terror são obtidos quando se esconde os fatos essenciais da intriga, como recomendava Hitchcock, gerando dilatação do suspense e, ao mesmo tempo, oculta-se a imagem real do objeto, convocando o espectador a se colocar, ele mesmo, como elemento que completa a cena. É o que se passa em *Alien: o oitavo passageiro* ou em *A Bruxa de Blair*, em que a narrativa é estruturada em torno de um objeto cuja presença intrusiva não é mostrada em imagem, mas construída pela suposição do sujeito, recurso que remonta *O Horla* de Maupassant (1887). A sutura é exatamente isso: o casamento perfeito (posto que feito por nós mesmos) entre o que não vemos e o que não sabemos.

O pacto social do vampiro

Se o terror baseado na experiência de *perda da alma* e na *intrusão do objeto* perturbam nossa relação de crença na realidade, o terror baseado na *desregulação do espírito* e na *violação de pactos simbólicos* privilegia a dimensão do saber e da verdade. A estratégia da indução do terror baseada na *violação de um pacto* é o recurso mais antigo e tradicional. Geralmente a narrativa compõe-se em torno de um pedido, trato ou promessa que é interrompido e permanece, assim, não consumado. Como os desejos infantis a que devemos renunciar e que voltam a nos assombrar por toda a vida, tal qual antigas experiências amorosas que nos rondam como fantasmas, assim como as ilações de desejos que não se cumprem de dia e que voltam realizadas em nossos sonhos, a figura do fantasma tem um grande motivo: ele volta para cobrar uma dívida simbólica. No caso do terror, esse é o ponto de retorno das almas penadas que vêm fazer seu ajuste de contas com o mundo dos viventes. Trata-se do cumprimento de uma espécie de justiça simbólica que reequilibra diferenças entre viventes e mortos. Essa é a montagem da fantasia na qual os limites entre realidade e ficção são embaralhados de tal forma que há um retorno na fantasia do que foi negado na realidade.

Inclui-se nessa estratégia discursiva o tema dos objetos, situações e lugares malditos ou demoníacos. E geralmente são retornos vingativos de entidades familiares: *Chucky*, o brinquedo assassino, a televisão em *Poltergeist*, telefone e vídeo em *O chamado*, *Freddy Krueger* capaz de penetrar na região mais íntima e protegida do sono e do sonho, sem falar nas variantes assumidamente cômicas, como tomates ou Barbies assassinas, insetos e animais de toda sorte (lembremos como *Tubarão* atrapalha as férias felizes da família), chegando ao cúmulo da sala de estar vazia em *Atividade paranormal*. A violação do acordo simbólico entre vivos e mortos, entre homens e deuses, entre adultos e crianças sempre decorre de um ponto de instabilidade, no interior da fantasia inconsciente, entre a função de organização da realidade e a função de transmissão dos desejos. É nesse ponto que algo da realidade não se sexualiza ou não se simboliza corretamente, dando margem aos fenômenos de retorno. Quando aquela linda garota decide tomar banho nua na lagoa sombria, quando aquele grupo de adolescentes ruma para o cemitério para escarnecer dos mortos ou quando o menino tenta abrir a única porta ostensivamente proibida, sabemos que o risco representado pelo desejo terá uma consequência.

Na maior parte das vezes, as narrativas de terror combinam essas quatro estratégias de articulação da fantasia. Por exemplo, a série dos vampiros inaugurada por Murnau em *Nosferatu, o vampiro da noite* (1922) apresenta seres orientados para a busca insensata de mais sangue, uma vez que são *destituídos de alma* própria, funcionando como melancólicos e gélidos autômatos fixados em um único objeto. Eles são capazes de se apresentar como um *objeto intrusivo*, cuja forma é difícil de captar, mas que sedutoramente induz, manipula e se apossa do desejo dos outros. Quando isso acontece, os outros se tornam escravos sem alma, multiplicando a forma e a vontade do vampiro originário, *desregulando o espírito* da cidade, da família e da comunidade, atraindo jovens virgens por meio de formas nefastas da sexualidade. Suas mutações imprevisíveis os tornam morcegos voadores, imagens que não se refletem no espelho, galãs sedutores nos quais não deveríamos confiar. Habitando lugares malditos, como caixões, castelos afastados e cemitérios, eles *violam o pacto* entre viventes ao se tornarem imortais.

Nossa atração pelo terror, expressa pela compulsão em repetir experiências que o terror nos evoca, não constitui um gosto patológico. Pelo contrário, funciona como uma espécie de antídoto para o empobrecimento de nossa fantasia, eventualmente presa a condições e limitações que exprimem nossa covardia em atravessar pontos de vista protegidos pelo horror, pelo terror e pelo estranhamento. No momento em que enfrentamos tantas formas de segregação, intolerância e forçamento ao mesmo tipo de realidade compartilhada e à mesma posição de verdade, o terror ainda é uma das formas discursivas às quais se pode atribuir algum potencial crítico, bem como alguma potência de recuperação do desejo. Nossa atração pelo terror denuncia que ainda não nos conformamos totalmente com o que a realidade coloca diante de nossos olhos. Sejam hordas de zumbis consumidores de *crack*, sejam retornos fantasmagóricos e violentos de um pacto social mal sancionado, seja na soberania sistêmica da moral securitária ou na intrusão de nossos objetos de consumo, ainda é mais fácil encontrar o terror na vida real do que na ficção.

Uma síntese contemporânea: os monstros urbanos

No livro *A cidade & a cidade*, de China Miéville, o inspetor Tyador Borlú investiga o assassinato de uma prostituta em uma cidade futurista. A trama policial e linguística gradualmente desloca o problema clássico do *whodonit* (quem é o assassino?) para "onde realmente isso se passa". Se *Admirável mundo novo* (1932), de Aldous Huxley, e *Alphaville* (1965), de Jean-Luc Godard, são obras que nos apresentam cidades determinadas por "ficções de verdade", ao modo de condomínios artificiais auto-segregativos, e se filmes como *Metropolis* (1927), de Fritz Lang, e *Blade Runner* (1982), de Ridley Scott, são o seu complementar distópico, composto por cidades hetero-segregativas marcadas traumaticamente pelo Real, China Miéville consegue reunir em seu livro as duas estratégias em um mesmo problema.

As cidades de Ul Qoma e Beszel ocupam o mesmo lugar geográfico, onde cada qual possui zonas exclusivas, além de espaços de cruzamento, nos quais as pessoas podem passar, mas não interagir. Com isso, sobrepõe-se o paradigma da cidade baseada em experiências de *determinação*, com suas leis, polícias e regulamentos, e a cidade fundada na *indeterminação*, com suas diferenças, miscigenações e misturas. A intuição essencial aqui é que existe algo mais, além de muros e ruas, envolvido nessa operação desejante que tem caracterizado nossa experiência de cidade.

Essa invenção literária ressoa com a biografia de seu autor, um dos representantes mais criativos da nova esquerda britânica. Com admirável percurso acadêmico, passando por Harvard e pela London School of Economics, ele fundou, em 2013, junto com Ken Loach e o psicanalista Ian Parker, a *Left Unity* [Unidade de Esquerda], um partido anticapitalista, ecológico e feminista pensado para resistir ao programa neoliberal e suas políticas de austeridade. Sua base está nas cooperativas e sindicatos, mas principalmente nas pessoas comuns (*ordinary people*) que enfrentam a pobreza, a discriminação e opressão social em termos de gênero, raça, etnia, idade, condição física, sexualidade e desemprego. Ao contrário da esquerda clássica, cujo programa econômico e plataforma de governo enfatizam reformas estruturais e estatização generalizada, a *Left Unity*, assim como o *Podemos* espanhol e o *Syriza* grego, advoga um novo tipo de governabilidade: emprego total para todos, baseado na redução proporcional das horas de trabalho, habitações comunitárias, administração coletiva da infraestrutura de serviços, controle democrático de bens públicos e livre organização dos trabalhadores. Seu horizonte não é o estado de bem-estar social com perfeito funcionamento do Estado, mas o reconhecimento e a redução do sofrimento.

A novidade dessa nova esquerda não está apenas nas teses, mas principalmente nos meios de que ela se utiliza para formar laços sociais que passam pela literatura, pelo cinema e pelas práticas de vida alternativa. Isso significa, sobretudo, uma transformação discursiva em relação à esquerda tradicional e sua abordagem militante, baseada na expansão de identidades *preferenciais* e na confiança na lei, e consequentemente no Estado nacional, como fulcro do processo de reequilíbrio da desigualdade. Para isso, há um discurso constituído que pensa a cultura como serva da política, e que teve no realismo socialista sua expressão mais definida. É, sobretudo, uma esquerda que não tem horror ao dinheiro nem espera gratuidade absoluta do Estado. Em vez de demonizar o consumo, qualificá-lo como nas práticas alimentares; em vez de confiar no Estado-nação, entendê-lo como uma patologia.

No fundo, Miéville descende de um ramo perdido na arqueologia da esquerda, aquele que vem de André Breton e os surrealistas, passando por Walter Benjamin e Kafka, e que encontra em Žižek uma de seus melhores expoentes contemporâneos na arte de misturar alta e baixa cultura, cotidiano servil e insólitas fantasias ideológicas e críticas. Seu gênero literário do *New Weird Fiction* desenvolve o outro lado da imaginação política por meio da ficção científica, da comédia, do horror e do sincretismo de gêneros que incluem até mesmo livros para crianças. Daí a conhecida fórmula que o define: "99% geek, mas aquele 1% marxista..."

Leitor de J.R.R. Tolkien e entusiasta de *Star Wars, Harry Potter* e *O Senhor dos Anéis*, mas, ao mesmo tempo, ciente do universalismo contido na experiência de linguagem desenvolvida por James Joyce, Miéville atualiza o programa histórico contido nessas sagas medievais, anteriores ao surgimento do Estado moderno. Lembremos que esse é também o tempo no qual miticamente está se formando um novo conceito de cidade. Em síntese: Miéville é o antídoto atualmente disponível para *Alphaville*, a cidade murada imaginada por Goddard em 1965, e que inspira a nossa recente vida em forma de condomínio.

Há algo comum nessas sagas que inspiraram os cenários dos primeiros RPGs dos anos 1990, do tipo *Dungeons and Dragons*, e que terminam em *Game of Thrones* e seus videogames conexos. Elas remontam aos escritores irlandeses, como Jonathan Swift, que viveram a experiência de protocolonização e pauperização, enquanto primeira colônia britânica. Nessa condição de desvantagem, a invenção de um espaço simbólico anterior ou posterior à distribuição atual e real do território tornou-se absolutamente crucial. Nas palavras do próprio Miéville: "O artista [crítico] finge que coisas sabidamente impossíveis são não apenas possíveis, mas reais, o que acaba por criar um espaço mental que redefine — ou simula redefinir — o impossível" (2014, p. 32).

A experiência da cidade e o seu programa de reocupação dependem dessas duas estratégias de negação do impossível: a reconstrução do que foi *jamais-possível,* ou seja, a reinvenção do passado pela fantasia, com seus fantasmas, vampiros, Frankenstein; e a invenção de um novo futuro baseado no *ainda-não-possível,* como zumbis, mutantes e extraterrestres.

Qualquer um pode dizer que zumbis e fantasmas *não existem,* mas, ao mesmo tempo, sabemos que coisas como a Cracolândia, assassinatos de negros em periferias de grandes cidades e corpos de refugiados boiando no Mediterrâneo *existem.* O problema central aqui é que entre a *existência* e a *não existência* existe uma coisa chamada Real. Real cuja verdade só é acessível por meio de estruturas de ficção. As duas estratégias, combinadas pelo realismo *weird,* são formas de criar uma consciência do não-real, que é, em si, um espaço determinado por uma experiência fora de território, deslocalização ou perda de lugar. Isso é o que venho chamando fator político do sofrimento em sua estrita dependência com gramáticas de reconhecimento. Caracterizar os despossuídos como entes privados da cidadania, excluídos ou refugiados é reduzi-los a uma única gramática de reconhecimento, aquela que liga o Estado e a nação ao império das leis e sua conexão necessária entre o espaço e o território. Para a psicanálise, "ocupação" (*Besetzung,* em alemão) é um termo pelo qual Freud designa o investimento contingente de desejo em um lugar ou representação.

Se há alguma potência política na vida digital é que ela nos mostra que o espaço simbólico não se sobrepõe ao território real. O sintoma e o artifício para fazer essa ligação é justamente esse ser híbrido, feito de linguagem escrita e potencial violência, que é a lei. Não é por outro motivo que um dos ensaios teóricos mais penetrantes de China Miéville versa justamente sobre o imperialismo da lei na Europa emergente. É por motivos análogos que ele recusa o nominalismo linguístico das políticas baseadas em lugares de fala fixos, que aprisionam pessoas em suas identidades, como os territórios legais tentam aprisionar sujeitos em seus espaços, ainda que com o justo argumento de empoderá-los.

Hamd Hamzinic era o que os assassinos de Avid Avid também denominariam ébru. Hoje em dia, o termo é usado principalmente pelos conservadores racistas ou, numa provocação reversa, pelos próprios alvos do epíteto: um dos mais famosos grupos de hip hop besz se chamava Ebru W.A. "[...] a antiga palavra besz para 'judeu' foi recrutada para incluir novos imigrantes, e virou o termo coletivo para ambas as populações" (MIÉVILLE, 2014, p. 23).

A ideia de que palavras são *recrutadas* exatamente como pessoas que são convocadas para exércitos, assim como a assimilação de termos ofensivos como estratégias de resistência, lembra-nos obviamente a interdição de palavras de conotação afetiva em *Alphaville* de Godard e a "novilíngua" de George Orwell como fulcro da operação ideológica dos discursos. Como não reencontrar aqui o mesmo espírito dos neologismos Joyce-lacanianos, combinando ficção científica e romance policial, de Huxley a Ridley Scott, e a mesma resistência à padronização pós-moderna, politicamente correta e metalinguística do discurso, de Lang e Godard? Trata-se de usar a língua para questionar a naturalidade de nossos pactos sociais, de dobrá-la e até mesmo de reverter sua gramática espontânea ao modo de certas políticas feministas, como que a denunciar que o eu não é senhor em sua própria morada porque nem na linguagem nem em seu próprio corpo há definitivamente uma morada. Sabemos que vampiros e frankensteins não existem, mas, ao mesmo tempo, desconfiamos de que nem tudo o que aparece diante de nossos olhos com o nome de realidade, é o que parece.

Referências

MIÉVILLE, C. *A cidade & a cidade*. São Paulo, Boitempo: 2014.

Sobre o autor

Christian Dunker, psicanalista, professor titular do Instituto de Psicologia da USP, coordenador do Laboratório de Teoria Social, Filosofia e Psicanálise da USP, Analista Membro da Escola dos Fóruns do Campo Lacaniano, prêmio Jabuti com *Estrutura e Constituição da Clínica Psicanalítica* (Annablume, 2011), também autor de *Mal-Estar, Sofrimento e Sintoma* (Boitempo, 2015), *Reinvenção da intimidade* (Ubu, 2017), entre outros. Colunista do Jornal Zero Hora e da Boitempo.

2. O morto-vivo que nos habita

(ou: O que a série *The Walking Dead* revela de cada um de nós)

Leonel Braga Neto e *Marta Maria Okamoto*

O modelo da relação de objeto construído para dar conta das organizações psíquicas de origem sexual é ultrapassado pelo modo de funcionamento e as formas resultantes das pulsões de morte. Quanto mais a mitologia humana é antiga, pré-científica, menos ela ignora o caráter impessoal e anobjetal dessas formações. Dos espíritos malfeitores aos deuses da morte, dos fantasmas aos vampiros, as representações figuradas dessas pulsões encontram seu lugar nos mitos, nas religiões, nas superstições, nas magias, nas bruxarias, nos contos e nos filmes de horror. Mas, e no pensamento psicanalítico (ZALTZMAN, 1994, p. 30)?

Estamos num tempo não especificado, uma estrada em direção a uma grande cidade; no sentido de quem sai da cidade vê carros amontoados e destruídos, como que uma fuga em fúria; no sentido oposto segue um único homem a cavalo, dirigindo-se para o que se supõe ser o apocalipse, o fim dos tempos. Assim é o principal cartaz de divulgação da série *The Walking Dead*[1], em exibição desde 2010, absoluto e inquestionável sucesso mundial.

Por que esse mórbido interesse por uma terra arrasada dominada por seres mortos-vivos, no qual um punhado de humanos em franca minoria tenta sobreviver, escapar, não morrer, aterrorizado por ex-humanos que voltaram da morte física? Mais do que uma representação da vida eterna, mais própria dos vampiros, os zumbis são como que a representação da morte eterna se apropriando da vida. O erotismo clássico presente nos filmes sobre vampiros — ao menos os de antigamente, desde o feio de *Nosferatu* (1922, refilmado em 1979) até os belos de *Fome de viver* (1983) — desaparece completamente nos zumbis, revelando os restos, a podridão, o real mais absoluto do corpo, o orgânico. Por esse caminho, podemos pensar que os zumbis são a representação mental mais bem-acabada da pulsão de morte, do seu principal e maior aspecto, daquilo que resta da operação de desentrincamento pulsional, na qual as palavras parecem ser insuficientes para descrever ou nomear.

Qual a função que exerce esse estranho fascínio nos processos de subjetivação atuais? Por que a necessidade de realizar com tamanha contundência essa representação mental das pulsões de morte? É a necessidade de afirmar a luta pela vida viva — essa vida dos anos que passam, do envelhecimento e da morte inevitáveis — que faz com que milhões

[1]*The Walking Dead* é uma série de televisão dramática e pós-apocalíptica norte-americana. Para este artigo, os autores se detiveram nas duas primeiras temporadas, exibidas em 2010 e 2011.

de pessoas do mundo global-internético assistam? Ou será o fascínio pelo mistério dessa morte viva que não se acaba, que persiste em corpos vazios, despossuídos de quaisquer afetos ou de sua história anterior, como carcaças ambulantes? Será o mistério/sinistro o que atrai?

Essa maldição que recai sobre os humanos tem uma origem não esclarecida, e sua cura parece inexistente; uma febre provocada por vírus, bactéria ou algo não identificado e que se espalha com uma rapidez somente comparável às redes sociais da era digital. Toma conta do cérebro, destruindo a rede de conexões e tecidos neuronais e levando o indivíduo à morte. Tempos depois (de uma hora ou até de alguns dias), o cérebro é reativado na base do tronco cerebral e volta a comandar o corpo, que sai em busca de alimento (carne e sangue) para manter-se vivo.

No último episódio da primeira temporada, assistimos à travessia desesperada do grupo de sobreviventes em meio a um verdadeiro exército de zumbis e cadáveres para chegar no centro de pesquisas nacional americano, onde se procura encontrar a cura para o mal que está dizimando a população. A travessia é dramática, o risco é imenso, e apenas é tentada porque todas as esperanças de salvação recaem sobre esse local, um edifício que parece representar a ciência na fusão com a tecnologia em sua face mais contemporânea. À arquitetura ultra-arrojada do prédio somam-se os recursos ultrassofisticados da tecnologia da pesquisa.

O lugar é uma verdadeira fortaleza segura, um *bunker* impenetrável ao inimigo. Lá dentro há apenas um homem (todos os demais pesquisadores já se foram, de uma forma ou outra) e um poderoso sistema de computação. Como uma esfinge, com uma pergunta bastante enigmática que deverá, a princípio, selar o destino de todos, esse homem permite que os sobreviventes ingressem no edifício. Ele os recebe e oferece o conforto possível que somente ali parece haver: água quente, comida, vinho, camas e segurança; explica tudo o que se sabe (que se resume a um diagnóstico funcional de imagem do cérebro) e conta que todos os demais pesquisadores — de todos os outros centros, inclusive — estão mortos. Após essas explicações, conta que, chegando a esse ponto frente a um quadro lógico insolúvel, o sistema deverá literalmente explodir o prédio todo numa espécie de segurança máxima ao contrário. Desesperados, os sobreviventes têm de fazer o que podem para fugir daquele lugar com sua lógica mortífera. Instantes após conseguirem sair, assistem à espetacular explosão do edifício. O amparo e a segurança supostos ali desaparecem imediatamente.

Em flashbacks pontuais ao longo das duas temporadas temos notícia de como se deu a proliferação da febre e o crescimento exponencial do número de zumbis. Vemos como toda a estratégia de enfrentar o problema como um assunto de defesa e combate militar falhou, e como a população foi expulsa dos centros urbanos e assiste das estradas à pulverização com napalm[2] sobre as cidades; assim como no Vietnã, a luta está perdida, apesar de toda a tecnologia militar americana.

[2]Napalm: conjunto de líquidos inflamáveis à base de gasolina gelificada, utilizados como armamento militar. O napalm é, na realidade, o agente espessante de tais líquidos, que quando misturado com gasolina, a transforma num gel pegajoso e incendiário (fonte: Wikipédia).

Não há proteção militar nem científica, não há governo. Os pilares da civilização do homem moderno, construído desde o século XVII, na interface da razão tornada tecnologia como domínio da natureza, desapareceram. Estamos no mais completo desalento, de volta à natureza, mas onde a principal ameaça são nossos semelhantes: os restos e as ruínas da civilização.

O sinistro, o maldito sempre esteve presente no imaginário humano. Desde onde se tem notícia, sabemos desse fascínio pelo inexplicável, pelo mistério, pelo terror, pelo medo.

O Conde de Lautréamont, considerado o precursor do surrealismo por André Breton, tendo escrito um único livro, *Os cantos de Maldoror* (1868-69), redige, no início do texto, uma maldição que se abaterá sobre quem ler o livro:

> Queira o céu que o leitor, animado e momentaneamente tão feroz com aquilo que lê, encontre, sem desorientar-se, seu caminho abrupto e selvagem através dos lamaçais desolados destas páginas sombrias e cobertas de veneno; pois, a não ser que aplique à sua leitura uma lógica rigorosa e uma tensão espiritual equivalente ao menos à sua desconfiança, as emanações mortíferas deste livro impregnarão sua alma, como a água impregna o açúcar. (LAUTRÉAMONT, 1964, p. 71)

Acaso ou não, muitos que se debruçaram a estudá-lo acabaram morrendo de forma trágica. Nathalie Zaltzman conta que algo semelhante se deu com a etnóloga Jeanne Favret-Saad ao investigar os rituais de cura de feiticeiras da África, obrigando que ela própria tivesse de se submeter a um ritual para poder se curar (ZALTZMAN, 1994).

Sigmund Freud aproximou-se do horror em muitos momentos de sua obra e de sua vida. Procurou pensá-lo tanto no sujeito (seu lugar e sua função nos processos psíquicos) quanto na cultura (seus efeitos e sentidos nos processos civilizatórios). Apoiou-se na literatura de Edgar Allan Poe, Arthur Schnitzler, Dostóievski e tantos outros, forjou uma mitologia *ficcional* no anseio de fabricar uma lei protetora que pusesse limite à barbárie (*Totem e tabu*, 1915), mas foi atravessado por duas guerras que trouxeram o horror para muito perto de si. No intervalo entre elas, em 1920, escreveu *Além do princípio do prazer*, na qual conceituou a pulsão de morte como o primeiro e mais importante dos princípios, como uma força que jamais estará plenamente sob domínio e que provoca as rupturas onde não se as imagina e das maneiras mais impensáveis.

Esse conceito começou a ser gestado bem antes de sua enunciação em dois artigos imediatamente anteriores a ele, um intitulado *O inquietante* e o outro, *Batem numa criança*, ambos de 1919. São esses artigos que preparam a importante viragem conceitual que ocorrerá em *Além do princípio do prazer*, e que precisam ser lidos com a pregnância daquilo que já está lá, mas que se formulará posteriormente a eles, a pulsão de morte.

Dessa forma, o *estranho* termina por revelar o *familiar*, mas o inquietante é que mesmo esse familiar não se esgota num sentido. Ele insiste e repete, levando a um mais além (ou será aquém?): ao momento mítico fundante do humano — cujas marcas estão em cada corpo (autoerotismo) — com a operação de enlace pulsional nomeada por esse ser quimérico chamado *Kulturarbeit*[3]. Aqui a água impregna o açúcar, como disse Lautréamont. O campo das intensidades não se aprisiona nas cadeias significantes e a força da simbolicidade faz marca sobre o biológico. *Impulso* é impulso ou é pulsão?

Abandonamos o terreno fértil (porque feito de matéria viva em decomposição) do orgânico, das pulsões de morte, para a medicina biológica ou nos propomos a pensar o ainda não pensável? Quais os limites impostos por nossa forma de pensar que nos impedem de figurar o que se passa nesse campo? Como Freud fez, munindo-se da literatura para lançar-se ao risco da aventura psicanalítica, recorremos à cultura pop (na qual se inscreve a série *The Walking Dead*) para seguirmos nesse mais além.

Abandonados pela Ciência auto-explodida, o grupo de sobreviventes chega a uma fazenda trazendo uma criança baleada por engano por um caçador, membro da família que vive na fazenda, quando procuravam por outra criança do grupo: Sophia (Madison Lintz), desaparecida no dia anterior. O lugar preserva uma humanidade reconfortante para o grupo que chega após tanto tempo de um nomadismo

[3]*Kulturarbeit*: passagem forçosa de transformações psíquicas impostas à história da humanidade e à história singular de cada um em função das dependências constitutivas mútuas entre o indivíduo e a espécie em suas apetências divergentes e convergentes, solidárias e incompatíveis, para a vida e para a morte. A *Kulturarbeit* aparecerá como a garantia coletiva do narcisismo individual, exercendo a função de identificação originária pré-objetal. (ZALTZMAN, 1999)

perigoso: uma casa limpa e arrumada, pessoas dignas preservando algum cotidiano em meio à barbárie que, apesar de próxima, parece conseguir ser mantida a alguma distância. A criança baleada é salva pelo chefe da família, Hershel Greene (Scott Wilson), um senhor, médico veterinário, que realiza uma perigosa cirurgia no garoto, entre a vida e a morte, para a retirada dos estilhaços da bala.

A chegada desses *estrangeiros* em meio a essa família preservada faz com que questões e temas tão caros ao nosso humanismo sejam tratados nesses episódios que acontecem na fazenda: o sentido e a preservação da vida, mesmo em situações tão adversas; a transmissão de valores e ordenamento através de lugares e funções nas relações familiares; o nascimento do amor; uma gravidez inesperada; o desejo e a necessidade de preservar uma segurança somente alcançável com a união de todos, reafirmando um pacto e uma lei que permitiria a formação de uma comunidade. O próprio entendimento que o chefe da família tem sobre a existência dos zumbis é de um profundo humanismo que nos põe a todos, espectadores e a própria família dele, comungando dessa humanidade. Ele os entende como seres humanos adoecidos que devem ser cuidados e tratados enquanto se busca a cura para o mal que os acometeu. Recusa-se a matá-los, compara-os aos psicóticos em crise capazes de atitudes extremas e que devem ser contidos, tratados, e não punidos com a morte. Nesse lugar preservado e cheio de humanidade, é de fato entre os humanos que os conflitos não param de emergir: disputas de poder, de amores, de saber.

O entorno humanista e humanitário afeta a todos, abala as posições, faz com que personagens brutos e egoístas interessem-se pelo outro, sejam solidários, como Daryl Dixon (Norman Reedus), que incansavelmente procura por Sophia, correndo toda espécie de riscos. A brutalidade das circunstâncias que impuseram a dureza e a determinação que assegurou a sobrevivência do grupo é posta em questão frente à face quase esquecida da abundância e da estabilidade de recursos (ainda que reduzidos) que asseguram as condições para ocupar-se do cuidado com o outro.

O contraste entre o bem e o mal aumenta: o bem deve se impor ao mal, dominá-lo, contê-lo, submetê-lo, tratá-lo. O personagem Shane Walsh (Jon Bernthal) é quem vai encarnar as atitudes mais amorais e radicais em nome de uma ética da sobrevivência. Entre os humanos, é ele quem está mais próximo do mal que se justifica para assegurar o bem. A tensão culmina quando os sobreviventes descobrem que Hershel *guarda* no celeiro todos os membros de sua família que se transformaram em zumbis, além daqueles que eventualmente chegam à fazenda e são capturados, com o intuito de protegê-los e tratá-los quando for possível. Para Hershel, aqueles seres seguem sendo a sua esposa, filhos, enteados. Não estão mortos; ele os vê como vivos, e afirma esse valor para os demais membros de sua família: sua filha do primeiro casamento (que tem lá seus meios-irmãos), seu filho, sua nora e, principalmente, sua jovem e delicada filha Ruth (Emily Kinney), que tem no celeiro sua mãe e seus irmãos.

Para o grupo de sobreviventes, é o registro do perigo que é acionado. O desfecho é brutal e dramático. Em meio à confusão de valores entre o perigo real de manter os mortos-vivos e o anseio de preservação de suas supostas humanidades, Shane lidera com convicção um ataque ao celeiro: abre suas portas de forma que saiam um a um os *doentes* e mata todos. Os membros da família e o próprio Hershel paralisam de desespero, vendo o que restava de seus entes queridos ser explodido a poucos passos. A surpresa final está na saída do celeiro do último zumbi, a pequena Sophia, procurada pelos sobreviventes, razão da chegada deles até a fazenda; caberá a Rick (Andrews Lincoln), sujeito do bem que tenta preservar a lei mantendo-se policial, o tiro fatal que mata a criança zumbi.

Duas cenas decorrentes dessa *chacina* no celeiro nos interessam destacar: os efeitos dela para Hershel e para Ruth. Elas acontecem de forma intercalada porque, nos parece, trabalham o mesmo tema. Na primeira, o desespero e o estado de choque de Hershel revelará que não se deve ao fato de ter seus familiares *assassinados*, mas por dar-se conta de não os ter considerado mortos antes de ter negado a morte, expondo os vivos ao perigo de sua proximidade e de ter impedido para si e para os demais o trabalho do luto. Sua filha Ruth sai do estado de choque decidida a morrer e a convencer os demais a fazer o mesmo. É impedida por todos, exceto por Andrea (Laurie Holden), cada vez mais alinhada com Shane, que tem plena convicção de que Ruth deve decidir isso sozinha. Encarregada de vigiá-la, deixa-a sozinha em seu quarto. Ela corta os pulsos e, no limite, decide viver.

Nas duas situações, é o excesso de ligação, o pleno efeito do trabalho de Eros, que põe em risco a vida. O desligamento, o *assassinato* impetrado sobre aquilo que deve morrer porque impede a vida livre de dominação, é uma das faces ou função da pulsão de morte, face esta que Nathalie Zaltzman nomeou "pulsão anarquista" (ZALTZMAN, 1994).

É sobre o excesso de outro ou a necessidade de apropriar-se de si, sob o risco de sucumbir a uma condição arbitrária, que incidiria o trabalho positivo da pulsão de morte. Estando o sujeito em uma condição de *experiência-limite* — advinda de um ambiente físico-natural extremo, de um ambiente político-social destruidor ou de relações identitárias unificantes —, depara-se com uma situação mental urgente da qual não pode escapar, e em que a noção de risco exige que mantenha o conhecimento de sua condição de mortalidade físico-psíquica como único meio de assegurar a própria sobrevivência. A pulsão anarquista será essa ação da pulsão de morte que defende a vida, inaugurando a noção de mortalidade para o sujeito através do esforço de desligamento da identidade unificante que a experiência do risco pode induzir (ZALTZMAN, 1999).

Podemos encontrá-la agindo, por exemplo, nas situações de risco a que se expõem adolescentes e jovens cotidianamente, ou como um sentido possível para algumas formas de anorexia, ou ainda na tentativa de suicídio da jovem Ruth e nas atitudes radicais de Shane e Andrea.

Mas porque Nathalie Zaltzman dá a essa expressão da pulsão de morte o nome "pulsão anarquista"? Nisso reside algo que vale a pena destacar: é na mais radical defesa do individual que estaria o fundamento de uma ação coletiva (movimento anarquista). No ímpeto libertário estaria a ação política de resistência contra o "domínio unificador, ilusoriamente idílico, dulcificante e nivelante do amor ideológico [...] o movimento anarquista surge quando toda forma de vida desmorona, ele extrai sua força da pulsão de morte e a remete contra ela e sua destruição" (ZALTZMAN, 1994, p. 66).

Dessa forma, o lema "Viva la muerte", usado pelos minoritários resistentes espanhóis contra a invasão da gigantesca tropa imperial francesa no século XIX, retomado cinquenta anos depois pelos anarquistas como grito libertário contra as injustiças sociais e devolvido posteriormente pelos sanguinários franquistas durante a guerra civil espanhola contra os anarquistas, é a metáfora precisa sobre os dois destinos possíveis da pulsão de morte: libertário ou mortífero (ZALTZMAN, 1994). Diz Zaltzman:

> Todo laço libidinal, por mais respeitoso que seja, comporta uma intenção de posse, que anula a alteridade. A intenção de Eros é de anexação, incluindo até o direito do outro de viver a seu modo [...] A luta entre Eros e o instinto de morte organiza as relações entre o indivíduo e a sociedade. Às vezes, a vitória de Eros se volta para a autoconservação da civilização, com risco de usura, às vezes, a pulsão de morte trabalha em prol do mais individual levante libertário contra as formas sociais. (ZALTZMAN, 1994, pp. 63 e 65)

É sobre as origens que se volta o trabalho psíquico produzido em uma experiência-limite ao se sobreviver a ela;

trabalho produzido com as forças retiradas de uma *identificação sobrevivente* — esse conceito tão precioso que Nathalie Zaltzman faz ressoar no capítulo intitulado "Perder o rosto — Narcisismo e *Kulturarbeit*" de seu livro *De la guérison psychanalytique*, de 1999, a partir de escritos de pensadores sobreviventes dos campos de concentração alemães e francês. Diz ela:

> Identificação sobrevivente em seu sentido estrito, sobrevivente em relação ao desmoronamento do que a civilização supostamente devia preservar, sobrevivente em relação à condenação individual e coletiva [...] alguma coisa do homem resiste, não perde a cabeça, não disjunta sua inscrição na realidade humana, ainda que esta realidade, tal como se tornou pensável até então, deixe de ser inteligível nos termos legados pela história humana. (ZALTZMAN, 1999)

Diante da realidade do conhecido holocausto europeu ou dos tantos outros holocaustos menos conhecidos, que levaram e levam milhões de pessoas a viver ou ter vivido, por todos os continentes do mundo, uma condição limite de mortos-vivos, a representação dos zumbis em *The Walking Dead* parece fazer, na ficção, uma inversão dos lugares conhecidos na realidade. Nos primeiros, é a vida que sobrevive à morte, que insiste e vai mais além, onde, em outras espécies, a morte já teria tomado conta (ZALTZMAN, 1999). É uma espécie de recalcado da humanidade, de sua desumanidade, aquilo que se inscreverá como marca e se transmitirá às gerações seguintes. No segundo, é a morte viva que invade os corpos, domina-os e os remete contra toda forma de vida sanguínea que se apresente em movimento. Um verdadeiro exército dos infernos, sem governo algum, guiado pelo puro instinto de alimentar-se de qualquer forma viva. Nos primeiros, a força da vida parece se inscrever na espécie sobre e na pulsão de morte; no segundo, não há nenhuma inscrição humana que tenha sobrevivido; é a pura representação mental da pulsão de morte como mortífera.

Os zumbis em *The Walking Dead* são o rosto encontrado da desumanidade; parecem representar o retorno *do recalcado da humanidade*. Por que a necessidade de saber de sua existência? O que tamanho sucesso de público revela? Parte desse sucesso deve-se certamente ao gozo de se ver autorizado, no limite da banalização, a matar semelhantes com a justificativa de não serem mais humanos e de ser ameaçado por eles, justificativa que legitimou e legitima ainda tantos assassinatos com um discurso que faz do diferente um alvo a ser eliminado, fruto do ódio àqueles que não pactuam dos mesmos princípios, culturas ou crenças. Algo semelhante ao que os norte-americanos fizeram com os índios apaches, massacrando-os tanto nos filmes dos anos 1960 e 1970 quanto de fato, assim como dos demais povos indígenas assassinados pela invasão dos exércitos dos brancos europeus na fundação das Américas.

No entanto, no seriado, o limite e a cisão entre o que é humano e não humano é posto numa vizinhança muito mais próxima do que a diferença de um *estrangeiro* poderia permitir (índio, judeu, africano, latino, árabe e tantos outros), já que o próximo zumbi à frente pode ser qualquer um, inclusive você mesmo. Essa ameaça parece figurar um perigo real: o risco de estarmos nos transformando em zumbis, desalmados e dessubjetivados, como ambulantes condenados a vagar em busca da subsistência mais elementar, despossuídos de qualquer valor, podendo ser eliminados a qualquer momento e em nome de qualquer ideologia.

Nessa direção, podemos pensar que a representação dos zumbis, tal como apresentada nas duas primeiras temporadas, provoca um efeito de reação ao mortífero instalado no interior do próprio *sistema civilizatório* na interface indissociável como *sistema econômico-político capitalista*, levando ao questionamento radical de tudo aquilo que estaria na base de suas conquistas como capacidade de proteção contra o mortífero. É o próprio processo civilizatório que é demolido em todas as suas instituições mais fundamentais, levando os sobreviventes a ter de inventar e experimentar outras formas de *interação* entre si, outras *sociabilidades*, outra definição ou posicionamento da infância, da justiça e do conhecimento. Uma *coletividade* forjada na contundência da pulsão anarquista?

Como não pensar nos zumbis como uma representação de todos nós, exauridos no que o filósofo sul-coreano Hyung-Chul Han chamou "sociedade do cansaço"[4], bombardeados

[4]"[...] a sociedade do desempenho e a sociedade ativa geram um cansaço e esgotamento excessivos. Esses estados psíquicos são característicos de um mundo que se tornou pobre em negatividade e que é dominado por um excesso de positividade... O excesso da elevação do desempenho leva a um infarto da alma... O cansaço da sociedade do desempenho é um cansaço solitário, que atua individualizando e isolando." (HAN, 2015, pp. 70-71)

ao extremo pelo excesso de informação que toma nossos cérebros, colonizando-o com informações que não podemos processar, ocupando todo o espaço mental de tal forma que não se torna possível prestar atenção em nada específico? A própria sobrevivência e o crescimento da clínica em tempos tão pouco afeitos à densidade e mais propensos ao raso do consumo da sociedade informacional nos parece revelador da necessidade de alteridade à essa *condição-zumbi*.

A queixa pelo cansaço contínuo em pessoas de todas as idades e classes sociais é algo que chama a atenção e talvez seja o principal sintoma contemporâneo, junto com a depressão e o pânico. Há uma urgência em separar o que é do processo fantasmático de cada um daquilo que parece ser uma dominação por forças que se impõem cotidianamente e das maneiras mais sutis e rotineiras, como uma espécie de *colonização mental* ou uma *febre* que toma conta do cérebro, fazendo com que toda sinapse seja dolorosa, tamanho o esforço exigido para sua realização. Torna-se urgente pensar e fazer na clínica pequenos e contínuos gestos que favorecem o desligamento daquilo que já está morto ou que pode levar à morte da própria subjetividade. Não estamos mais, na maior parte do tempo e com a maioria dos nossos pacientes, no tempo edípico, no tempo da ligação, embora seja para ele que precisemos muitas vezes voltar ou nele que vamos reencontrar as condições para a *subjetivação singular* da experiência de desligamento.

Referências

FREUD, S. "Batem numa criança: contribuição ao conhecimento da gênese das perversões sexuais (1919)", In: *Obras completas – Vol. 14*. São Paulo: Companhia das Letras, 2010.

________. "O Inquietante (1919)", idem.

________. "Além do Princípio do Prazer (1920)", ibidem.

HAN, B.-C. *Sociedade do cansaço*. Petrópolis: Vozes, 2015.

LAUTRÉAMONT, C. *Obras completas*. Buenos Aires: Boa, 1964.

ZALTZMAN, N. *A pulsão anarquista*. São Paulo: Escuta, 1994.

________. *De la guérison psychanalytique*. Paris: Presses Universitaires de France, 1999. Tradução livre de Mauricio Porto.

Sobre os autores

LEONEL BRAGA NETO, é psicanalista e membro do Espaço Brasileiro Psicanalítico — São Paulo (EBEP-SP).

MARTA M. OKAMOTO é psicanalista, doutoranda pelo Programa de Psicologia Social da PUC-SP, membro do Grupo Veredas — Psicanálise e Imigração, professora da graduação da FHO — Uniararas, membro do Espaço Brasileiro Psicanalítico — São Paulo (EBEP-SP).

3. A metáfora dos zumbis e as dimensões da violência

Ivan Ramos Estêvão

Em *A noite dos mortos-vivos*, clássico zumbi de George Romero lançado em 1968, temos dois universos distintos, separados: o que ocorre fora da casa e um que acontece dentro. *Umwelt* e *Innenwelt*, ou mundo interno e mundo externo (realidade interna e externa). O filme começa com um ataque de um zumbi solitário em um cemitério. Produz-se brevemente certa tensão, ao mesmo tempo em que se evoca algo de inocência, sendo que o irmão está de preto e a irmã, de branco. O irmão não é religioso, mas a irmã é. O irmão brincava de assustar a irmã, e aparentemente morre no primeiro ataque de um zumbi.

O que nos chama a atenção na cena de abertura é o ataque sem sentido do início do filme: expostos, em campo aberto, um homem aparentemente transtornado ataca, do nada, a frágil moça. O que nos interessa é menos o susto e mais o efeito de falta de sentido que isso produz — não há razão aparente para o ataque. Ou seja, para além dos outros filmes de zumbi, esse toca todo o tempo no *sem sentido*: não há uma explicação para o que torna as pessoas zumbis, de onde eles vêm, o que está acontecendo. Simplesmente acontece.

Saímos de um universo fechado e protegido (o carro), para um universo aberto e exposto (o cemitério), e na sequência seguinte, a mocinha corre justamente para o carro que começa a ser invadido pelo zumbi. Essa será a tônica do filme: o perigo dos espaços abertos e a proteção dos espaços fechados. Até que teremos uma reviravolta em certo momento do filme.

Voltando à nossa analogia do começo, sabemos que a moça se refugia em uma casa e o zumbi fica fora. Logo, ela tem a companhia do personagem principal (Ben), que anuncia justamente o que dissemos: "Fiquemos dentro da casa e estaremos seguros." Mas eles precisam fazer alguma coisa contra o zumbi, pois senão outros virão. Daí o filme se desdobra nas tentativas de se manter protegidos na casa, enquanto uma massa de zumbis aos poucos vai se aglutinando do lado de fora, e nas longas explicações e tentativas de criar sentido que vem das conversas entre os personagens e as falas constantes do rádio e da televisão.

O clímax do filme é, ao mesmo tempo, a tentativa frustrada de fuga da casa, a invasão dos zumbis e a virada final, quando a menina que era protegida pelos pais no porão, doente por uma mordida de zumbi, também se torna um zumbi e os mata. O filme ganha ares de tragédia quando se revela, na última cena, que o mocinho, Ben, sucumbe e se torna um zumbi. No microcosmo do filme, ninguém escapa ileso, todos são mortos ou transformados em zumbis.

Daí podemos derivar alguns pontos que achamos importante para tratar da questão da violência:

- Os zumbis como algo repentino, sem explicação, sem sentido. O filme não oferece explicações até o fim.
- O silêncio dos zumbis: eles não falam, atacam simplesmente.
- A apatia dos zumbis: aparentemente nada sentem senão fome.
- O destaque para os zumbis de fora (ou outros) e a menina zumbi (o de dentro, do ponto mais protegido da casa).
- O esforço constante de se proteger dos zumbis que culmina cada vez mais em atos de violência.
- O fim: todos tornam-se zumbis.
- Quanto mais zumbis são mortos, mais aparecem. Aos poucos tornam-se uma força imparável.
- Paranoização do mundo: os zumbis invadem o mundo com assassinatos.

Os *zumbis*, monstros relativamente novos no imaginário social, possuem sua gênese no vodu, crença dos escravos haitianos que misturava animismo africano e catolicismo romano e que começou quando os europeus levaram à ilha do Haiti os escravos africanos. A ideia religiosa é que o corpo pode ser separado da alma, e é disso que se trata o zumbi: um corpo sem alma, escravizado. Segundo Jamie Russel, o medo predominante dos haitianos não era de ser atacado por um zumbi, mas o de se tornar zumbi. Metáfora da escravidão, da vida morta (ou corpo sem alma), o zumbi vai sendo apropriado paulatinamente pelo cinema até esse momento atual, de uma explosão da exploração dessa ideia de zumbi (que já deve estar próxima do esgotamento) em jogos, filmes, série, revistas, entre outros.

Os zumbis de George Romero já ganham o estatuto mais próximo da imagem de zumbi que temos hoje: seres que não falam, vorazes por carne humana (ou cérebros) e que agem como uma manada (e daí sua força). O que os zumbis comportam em sua imagem ainda hoje é o que os haitianos temiam: não se trata somente de ser atacado por um, mas de ser transformado em zumbi.

A metáfora dos zumbis, utilizada por Romero nesse filme, nos serve para traçar algumas considerações sobre a questão da violência para a psicanálise.

Agressividade em Freud

A ideia de violência para a psicanálise está articulada sempre à concepção importante de agressividade. Podemos dizer que há três tempos da concepção freudiana de agressividade (Paulo Endo, em seu livro sobre a violência e Psicanálise, propõe essa divisão, com a qual concordamos):

Tempo 1: o traumático

O primeiro momento da entrada em jogo da violência na psicanálise se dá na primeira teoria que envolve a fala em seu tratamento, a teoria da defesa. Ali, Freud formula que o neurótico sofre da lembrança de uma vivência que lhe produziu um afeto insuportável, e que na impossibilidade de ab-reação, essa lembrança é recalcada. Aí o componente da violência já pode ser antevisto: uma vivência de violência pode ter, por si, um valor traumático. Não demora para que essa teoria mostre suas lacunas, seus pontos cegos e falhas, e seja apurada. Podemos fazer uma pergunta apenas que mostra uma dessas lacunas: o que faz com que um indivíduo traumatize em uma determinada vivência e outro, na mesma vivência, não? Essa pergunta — entre outras — conduz a um refinamento dessa primeira teoria. A medida que a técnica também se torna mais apurada, Freud começa a escutar relatos de abuso sexual de neuróticos que os situam na infância. Isso faz com que a agressividade e a violência se tornem ainda mais prementes.

A agressividade é um fator clínico no momento em que Freud se depara com as fantasias de abuso sexual, antes da famosa carta 69 ("Não mais acredito na minha neurótica"). Freud, no texto de 1896, *Observações adicionais sobre as neuropsicoses de defesa*, apresenta a teoria da sedução de forma mais clara mostrando treze casos graves, e tece considerações sobre a etiologia das neuroses a partir de uma vivência de abuso sexual na infância. Circunscreve aí a violência traumática no que tange à neurose: uma violência sexual. Contudo, essa teoria ainda não responde de modo satisfatório à pergunta acima, pois há ainda aqueles que sofreram abuso na infância e não se tornaram neuróticos, e coloca em jogo os problemas que Freud enumera na carta 69.

Ora, a virada da carta 69 traz as consequências conhecidas, inclusive o começo da confusão entre *Innenwelt* e *Umwelt*: o que é da ordem do traumático se desloca de modo fundamental; não é mais a experiência vivida o núcleo traumático, mas a articulação dessa experiência com os desejos intoleráveis inconscientes. Temos aqui uma nova teoria do sofrimento neurótico em Freud: o neurótico não sofre de reminiscência e afetos intensos, não sofre apenas por ser tomado como objeto de um jogo sádico e/ou sexual: sofre no encontro com si mesmo, ou seja, sofre por seus desejos e fantasias.

Tempo 2: o sadismo e o narcisismo

Em seu avanço, a agressividade para Freud, durante longo período, será lida em uma dupla chave, como efeito do que faz obstáculo à satisfação da pulsão e como modo de manter a consistência do eu. Esse raciocínio moldará, por exemplo, as manifestações sádicas que serão entendidas como formas de dominação do objeto, e que só depois se tornam, por si mesmas, modos de satisfação sexual. O masoquismo é, nesse caso, uma tentativa de lidar com o insuportável do sadismo, e reverte o impulso para o eu. O sadismo aqui é um amálgama da pulsão do eu com a pulsão sexual.

A agressividade como forma defensiva também se revela a partir do conceito de formação reativa presente em *Três ensaios sobre a teoria da sexualidade*. A formação reativa, pensada como uma reação do sujeito diante da presença do desejo recalcado, trata-se de aumentar, defensivamente, o repúdio diante do desejo. Assim, paradoxalmente, o desejo e aquilo que se vincula a ele pela via associativa se torna fonte não de prazer (e aqui temos um prenúncio da ideia de gozo), mas de horror, vergonha, náusea, irritação e mesmo de ódio. O representante do desejo é tomado como um perigo a ser evitado (o exemplo clássico é o do homofóbico, que não deixa de ser bem atual).

Tempo 3: a pulsão de morte

Nesse terceiro tempo, a agressividade e a violência ganham seu elemento nuclear, obtendo o estatuto de uma pulsão própria. O masoquismo passa a ter prevalência em relação ao sadismo e a destrutividade se torna um fator praticamente inato: o ser humano tem em sua essência um impulso autodestrutivo, uma tendência de retorno ao inanimado (e talvez todos os seres vivos, como um impulso próprio dos organismos). Somos todos reacionários, tendemos à restituição aos estados anteriores que culmina, assim, na morte. *Todestrieb.*

Antevista por Sabina Spilren, a pulsão de morte dá margem para se escapar da acusação de pansexualismo que recai sobre Freud: nossos impulsos não são apenas sexuais, mas também destrutivos. A sociedade e a cultura são construídas às expensas da pulsão sexual e no controle drástico dos impulsos destrutivos que, se inicialmente são masoquistas, tornam-se rapidamente sádicos e postos para fora, seja no próprio ato violento, seja no vislumbre da violência no outro, o próximo, tornando o mundo um mundo paranoico. Podemos visualizar aqui a ideia de um apocalipse zumbi com poucos sobreviventes.

Ou seja, o ser humano tem, para Freud, uma força destruidora independente da sexualidade. Isso traz desdobramentos que se revelam em textos centrais tais como *O mal-estar na cultura* (1930 [1929]). O conflito entre a pulsão de vida e de morte ganha a dimensão de um conflito que transcende o universo psíquico e invade o social, como, por exemplo, a questão da guerra (1933[1932], pp. 179-198), e o conceito de supereu passa a ser fundamental para (entre outras coisas) controlar a pulsão agressiva.

A pulsão de morte oscila entre dois pontos: no eu do sujeito, produzindo um efeito masoquista (FREUD, 1924, pp. 161-176), ou ainda sobre um objeto, seja ele uma pessoa, sociedade, raça, ideologia etc. Aqui, a agressividade se torna o efeito da pulsão de morte, aumentando seu espaço no campo teórico e se tornando um operador psicanalítico para se pensar fenômenos sociais. Sendo assim, ao mesmo tempo em que ganha grande espaço, perde o estatuto conceitual, tornando-se um fenômeno.

A ideia de desejo no capital e na Psicanálise (ou: Sobre o fracasso da Matrix)

Traçando aqui um paralelo, em uma cena interessante do primeiro filme *Matrix* (1999),

O sr. Smith fala para o capturado Morpheus que a primeira versão da Matrix foi um fracasso. Fracassou justamente porque satisfazia todos os desejos daqueles que eram inseridos nela e, ao fazer isso, as pessoas morriam. O paraíso digital proposto ali era fatal. Algo similar acontece em *Todos dizem eu te amo* (1996), o filme musical de Woody Allen. Por certa conjuntura, o personagem de Woody Allen tem acesso às sessões de análise da personagem de Julia Roberts, e pode, assim, *transformar-se* no homem ideal dela. Se, em um primeiro momento, ela se apaixona por ele, quando a fantasia se concretiza e passam a morar juntos, a realização da fantasia de Julia Roberts leva à queda do desejo e, consequentemente, ela o larga para voltar ao antigo marido. E ao cessar o desejo, algo resta nunca satisfeito. A fantasia contorna, dando roupagem à satisfação, porém a realização da fantasia desmonta esse aparelho.

Bem, o que nos deparamos aqui refere-se ao aspecto do capital ter de se haver com a estrutura. De um lado, os efeitos de estruturação dão base para que o capital possa se sustentar; por outro, esses mesmos efeitos podem ser os meios de superação do capital. Isso quer dizer que a superação ou sustentação do capital enquanto forma de produção — mas, principalmente, enquanto modalidade de discurso (aqui no sentido mesmo de discurso tal qual Lacan formula entre os seminários 16 e 18, passando por outros textos, como a Conferência de Milão, na qual propõe o discurso do capitalista) —, está amparada, em parte, em questões de ordem subjetiva e estruturais.

Não é à toa que certos significantes se repetem no que tange ao contexto da psicanálise e da leitura marxista do capital. Lacan fala da homologia entre a mais-valia e o mais-de-gozar; a ideia de alienação também é próxima, apesar de não ser a mesma coisa: o indivíduo se aliena na ideologia dominante, enquanto o sujeito da psicanálise se aliena no desejo do Outro; a ideia lacaniana de que Marx inventou o sintoma; a concepção de alienação, dita acima, impele, quase inevitavelmente, a alguma concepção de inconsciente.

No entanto, se acima falamos da superação do capital, o que sabemos é que Marx aponta para o efeito constante de que o capital tem de gerar sua própria contradição. E Marx diz que a contradição é representada pelo operariado, justamente quem mais tarde Lacan diz ser o único sintoma social (LACAN, 1971, p. 153). Outro elemento talvez possa ser dito como homólogo: a contradição do capital talvez seja sempre uma variação do próprio efeito de contradição estrutural, encontrado por Freud desde muito cedo como central no aparelho psíquico e efeito de uma divisão subjetiva constitutiva. Ou seja, a contradição, em última instância, não é do capital, mas ganha certas formas específicas quando o sujeito habita a discursividade do capital, como a mais-valia também é uma variação do fenômeno de mais-de-gozar estrutural. A alienação também não é específica do capital, mas ganha contornos também específicos quando se trata da estruturação dentro do discurso do capital.

Seguindo, a ideia de discurso do capitalista proposto por Lacan nos permite ampliar o escopo das relações do sujeito com o capital. Assim, não é incomum que se tome a psicanálise como um discurso datado e que se suponha que se trata de uma concepção de subjetividade de época. Em parte, porque a psicanálise produz, realmente, diagnósticos da subjetividade de uma época, mas como insistem os psicanalistas lacanianos que vão mais além, apontando para a estrutura, e essa, sim, é a-histórica. Logo, a pergunta que se faz é se não seria o caso de se pensar que é a subjetividade produzida por uma determinada discursividade que, para se sustentar enquanto tal, deve, de alguma forma, ajustar-se à estrutura. Ou seja, a discursividade só se mantém se estiver em conformidade com aquilo que a estrutura permite. A psicanálise, assim, localiza-se no meio do que é datado e do que é a-histórico, do que é subjetivo e do que é estrutural, e lida com os dois campos, que estão fortemente ligados.

Somando esse ponto ao nosso objeto em questão, ou seja, compreendendo que o capitalismo, como apontado, por exemplo, por Žižek, constitui-se como uma estrutura que engendra a subjetividade como negação da castração (e daí produz zumbis), também não é uma exclusividade do capital (ŽIŽEK, 2009, p. 65). Ora, grosso modo, podemos dizer que a estrutura em geral é marcada pela negação da castração. Aliás, os três mecanismos centrais de cada estrutura — *recalque, forclusão e denegação* — são modalidades de negação radical da castração. Que haja na neurose a inscrição de algo que seja significante da falta no Outro (ou seja, que opere como signo da castração) não se trata da aceitação plena da castração, mas a construção de outro engodo que também é consequência oriunda desta tensão.

Aqui, a concepção de ideologia também se vale de algo que é da ordem da estrutura: Žižek equipara a fantasia à ideologia, mas parece não se atentar ao fato de que a fantasia é, antes de tudo, uma modalidade de amarração. Se fomos mais precisos, a concepção de Ideal de Eu está bem mais próxima da ideia de ideologia — até como I(A), ou seja, Ideal do Outro — do que a fantasia fundamental. A fantasia serve de sustentação ideológica em sua dupla vertente: (1) da negação da castração, na medida em que dá suporte para a construção de uma suposição pelo sujeito de haver relação sexual e do gozo pleno; e (2) também como gozo interditado (e, portanto, trata-se de uma fantasia proibida e negada), e mais que isso, o sujeito neurótico nega a própria fantasia (e note-se que aqui falamos de *negação da fantasia, e não da castração*) na construção de sua imagem de si e se ampara no Ideal de Eu.

Temos o seguinte matema: $i(a) \rightarrow I(A) \diamond \$ \diamond a$. Na condição de suporte do Ideal de Eu, a fantasia não se confunde com a Ideologia principalmente porque faz parte do próprio Ideal a negação paradoxal da fantasia. O sujeito nega a fantasia e a cobre com o Ideal. Se a fantasia está escancarada, como em certos momentos na análise do neurótico ou mesmo no ato perverso, justamente o que cai ali é o Ideal de Eu e sua função ideológica. Talvez possamos pensar (mas isso exige um estudo detalhado sobre o assunto) que Sade faz um esforço em elevar a fantasia à dignidade de Ideal.

Enfim, listamos aqui uma série de elementos aos quais o sujeito se vincula no capital para constituir sua subjetividade: há uma alienação estrutural que se torna alienação no capital; há a construção de um Ideal de Eu que serve de ancoragem para a Ideologia; a mais-valia é uma variação do mais-de-gozar; a contradição inerente à estrutura se torna contradição em relação ao modo de produção (que se revela como Mal-Estar), e daí vai. Dessa maneira, o zumbi, enquanto uma produção cultural oriunda do mecanismo inconsciente da negação da castração, merece ser, por um lado, tido como elemento da relação de amarração do sujeito pelo viés da fantasia; mas também, como fruto ideológico da estrutura capitalista que cumpre um determinado papel no campo da dialética do sujeito.

Agressividade e violência

Cabe, contudo, distinguir brevemente agressividade e violência. Em um interessante texto de Ilka Ferrari é apontada essa possível distinção:

> Na psicanálise, a violência é vista sempre em um referencial que mostra que o encontro com a linguagem não é sem consequências para o humano. Compreender a violência por meio desse ensino supõe adentrar-se na constituição do laço social, considerar os discursos que imperam em dado contexto histórico e não perder de vista as formas como os sujeitos são capazes de responder aos mesmos, já que a pulsão está presente também em momentos pacíficos. (FERRARI, 2006, p. 49)

Com referência à agressividade, tanto Freud quanto Lacan situam-na como constitutiva do eu, na base da constituição do eu e na sua relação com seus objetos. Não negam sua existência, ao contrário, afirmam a agressividade na ordem

> humana, ordem libidinal. Existe a agressividade, mas ela pode ser sublimada, pode ser recalcada, não precisa ser atuada, pois o humano conta com o recurso da palavra, da mediação simbólica. (FERRARI, 2006, p. 62)

Agressividade e violência não são as mesmas coisas, mas, sem dúvida, estão ligadas. O que é da ordem da agressividade não necessariamente se constitui em violência, mas o ato violento é sempre efeito da agressividade (seja em quem se sente objeto da violência, seja em quem executa). Grosso modo, podemos dizer que a violência está em cena no que tange ao laço social e, mais ainda, a violência só o é quando posta em ato das mais diversas formas.

Mas há um elemento que aparece com mais clareza nessa citação: a violência é efeito do encontro com a linguagem: se formos mais além, podemos marcar a violência como justamente um efeito de gozo, daquilo que resta da impossibilidade da linguagem. Essa é um fator sem, contudo, ser o único fator que engendra a violência. Essa é a dimensão real da violência, que possui mais de uma expressão no filme: os zumbis que nada falam, seres que já não estão mais na linguagem, e também sua violência direta, sem objetivo. Voltaremos a isso mais à frente.

Já a agressividade, em princípio, se dá na constituição do eu, portanto é da ordem do imaginário e pode sofrer as intermediações do simbólico. A agressividade pode ser posta em ato (tornando-se, assim, violência) ou ainda pode ser sublimada, refreada ou fantasiada. Dessa forma, podemos dizer que uma das modalidades da violência é a agressividade posta em ato.

Mas o que norteia esse ato? O que dá o contorno para que a violência ocorra desta ou daquela forma? É bem evidente que a violência não é somente o ato de ferir ou tentar ferir o outro. Já se discute há certo tempo as tais formas de violência. Aulagnier (1979), por exemplo, fala da violência da interpretação. Žižek comenta da violência da opressão. Daí se pensa também que o entendimento do que constitui ou não a violência é subjetivo. Ser violência ou não diz respeito a uma avaliação subjetiva.

Voltando à pergunta, a violência segue uma lógica de desencadeamento mediada por questões de várias ordens: econômica, histórica, política, cultural, pessoal. A forma que a violência toma está articulada a um determinado imaginário tanto no sentido de imaginário social como no sentido do registro psicanalítico. Mas a violência como recurso da linguagem e, portanto, simbólico, ganha outros contornos.

Podemos deixar claro o que já enunciamos acima: pode-se falar em três dimensões da violência a partir dos três registros: a violência mediada pelo imaginário, pelo simbólico e também pelo real. Sempre é bom elucidar que essa distinção tem fins didáticos, e no momento em que irrompe a violência, as dimensões não são necessariamente claras. A dimensão simbólica da violência se dá no momento em que a violência é apreendida no laço social. Falamos aqui, por exemplo, dos rituais indígenas em que ocorre a passagem da infância para a vida adulta. Não vamos insistir mais nela.

Quanto à modalidade real, podemos dizer de cara que há, em diversas vezes, um gozo que está vinculado ao ato violento, em ambas as pontas, naquele que sofre a violência e naquele que é o agente da violência. Pode ser um gozo fálico, sádico e o masoquista, barrado ou não, gozo como um excesso, esse *a-mais* que produz fascínio e horror em ambos os casos. E é sabido também do efeito de trauma que produz a irrupção da violência, também nas duas pontas, de novo o que sofre e o que efetua o ato violento. O real se revela na violência e o sujeito se vê convocado a buscar um sentido dentro desse sem-sentido.

Aí, o *A noite dos mortos-vivos* (1968) parece saber jogar bem: o aparecimento dos zumbis se dá de forma praticamente gratuita, sem uma explicação prévia, uma irrupção de sem-sentido na cena do cemitério que abre o filme. Há um real que irrompe de imediato, produzindo uma inversão dos papéis. Outra cena que aponta para isso é o momento em que o que está dentro (no caso, literal, dentro da casa no seu ponto, digamos, mais isolado, o porão) aparece como violento também: a menina, filha do casal, que fora mordida por um zumbi, torna-se um deles, invertendo a lógica do dentro-seguro/fora-violento. Há uma violência que vem de fora e outra que irrompe de dentro. O outro violento é tanto o próximo como nós mesmos.

A partir da irrupção desse sem-sentido, podemos pensar violência pela via imaginária, constituída pelo que Freud propõe como a constituição do Eu e o narcisismo. É em torno destes elementos que podemos pensar a ideia de violência de modo mais claro. É nesses pontos que Lacan parece trabalhar de maneira objetiva nos *Escritos*. Dois textos dos *Escritos* (entre outros possíveis) nos dão base para se pensar essa violência imaginária (que curiosamente no filme é causada pelos que pretendem se proteger, e é disso que se trata, em geral, a violência imaginária: manter-se protegido). Os textos são: *A agressividade em Psicanálise* e *Tempo lógico e a asserção de certeza antecipada.*

No texto de 1948, *A agressividade em Psicanálise,* Lacan nos apresenta algumas teses (cinco ao todo) que buscam recuperar o estatuto conceitual da agressividade. Será a tese IV a mais importante do texto, na qual, de fato, Lacan apresenta subsídios para pensar a agressividade como conceito. Lacan afirma fazer a passagem da fenomenologia para a metapsicologia, saindo da "subjetividade da intenção para a noção de uma tendência à agressão" (LACAN, 1948, p. 113). Para tanto, diz ser necessário achar uma fórmula de equivalência que sirva para objetivar as reações variadas de agressividade.

Um destes modos se dá a partir de estados da personalidade que chama psicoses paranoides e paranoicas. Lacan parte das psicoses paranoicas supondo que se pode pensá-las a partir de uma estagnação de certos sentimentos de perseguição que são análogos à estagnação dada aos sentimentos de permanência, identidade e substancialidade, e que constituiria o eu e os objetos. Assim, é essa fixação que leva à determinação instrumental e simbólica das coisas. E ele afirma que a relação com as coisas nesse formato está ligada a etapas (planos) infantis que podem ser pensadas à luz da experiência analítica.

O primeiro desses planos é o que chama "experiência de si próprio", que procede um estado de indiferenciação em relação ao outro. Lacan aqui apresenta o estágio do espelho, falando que a criança "antecipa no plano mental a conquista da unidade funcional de seu próprio corpo", captando a imagem do outro no primeiro momento de jogos (dialética) identificatórios. O eu adviria da identificação a uma imagem fixa que aliena o sujeito de si (causando divisão). Nesse momento ocorre uma cisão da etapa de indiferenciação, e é aqui que Lacan localiza certa agressividade primária, quando surge um eu que acaba por instituir a divisão entre mim e outro.

Isso para nós é importante: Lacan prevê uma agressividade originária da constituição do eu no estádio do espelho (que, sabemos, mesmo estando longe do que será a sua aproximação com a psicanálise, a teoria do estágio do espelho será anexada à construção geral). Esse momento, de alienação na imagem especular do outro que leva à constituição subjetiva de um *eu* (momento lógico, como ele sempre frisa, pois não é possível datá-lo cronologicamente), é o marco do que mais tarde dirá ser a constituição também do registro do imaginário (LACAN, 1948, p. 117). Dessa maneira, Lacan não está muito longe da posição freudiana em relação à agressividade: *ela é efeito da tentativa do eu de se proteger de qualquer ameaça* (no caso, do Real e da angústia).

O problema é que o eu não é a totalidade do ser do sujeito, *e a ameaça pode vir de dentro, tal qual a menina no filme*. Para isso, Lacan, durante um tempo, irá falar sobre a dialética do ser, que põe constantemente em cheque os limites supostamente bem delimitados do eu. A clínica, desde Freud, lida com a dimensão da divisão psíquica, e a constituição do eu e o processo de alienação colocam isso em jogo. Na paranoia, o que ameaça o eu será localizado no outro, como bem demonstra Freud no caso Schreber (LACAN, 1948, p. 117).

Avançando no texto, Lacan situa sua fórmula na questão do Édipo em Freud, localizando ali a questão dessa agressividade original que advém da constituição do eu. A partir da noção de *ideal de eu*, afirma que o sujeito pode transcender a agressividade constitutiva a partir da identificação secundária, ou seja, com a imago paterna. Esse movimento institui não só o ideal de eu, mas também o supereu, imago paterna internalizada que reverte a agressividade ao sujeito.

Em seguida, damos um salto do Édipo para a questão do eu na cultura, e Lacan aponta o modo como a sociedade possibilita a sublimação, mas sem deixar de haver uma submissão do sujeito à ordem cultural, produzindo, assim, uma "constância da tensão agressiva" (LACAN, 1948, p. 121):

> Deixaríamos degradar-se a contundência de nossa experiência ao nos enganarmos, senão a nossos pacientes, quanto a alguma harmonia preestabelecida que isentasse de qualquer indução agressiva, no sujeito, os conformismos sociais que a redução dos sintomas torna possível. (LACAN, 1948, p. 121)

Aqui o paralelo com a teoria freudiana é completo: Lacan propõe a agressividade como efeito de duas questões que, no entanto, dão no mesmo lugar: a agressividade é efeito do momento em que algo abala ou ameaça o eu (ou seja, o imaginário) e, mais que isso, é efeito de interdição imposta pela sociedade.

Temos aqui todos os pontos para a ideia da violência imaginária: no filme, o que vemos é uma explosão de violência na qual inclusive os vivos começam a matar uns aos outros na tentativa de se proteger. Nesse sentido, podemos pensar *A noite dos mortos-vivos* como um filme que fala do fracasso da tentativa imaginária de se proteger da suposta violência que vem do próximo: em uma tese clássica, essa proteção justamente nada faz do que engendrar a própria violência. Ela irrompe, seja de fora ou de dentro.

O segundo texto é 1945, ou seja, no final da segunda guerra. A questão que está presente ali é menos a psicanálise e mais os laços sociais. Trata-se de pensar modalidades do laço que possibilitem outra forma de sociabilidade que não pela via da identificação e da mestria. Freud isolou a estrutura do laço social pela via da mestria: encontra isso no mito da horda primeva e, posteriormente, em certas organizações sociais. E insiste, como em *Moisés e o monoteísmo* e *O Futuro de uma ilusão*, nos problemas dessa modalidade de laço. No texto de 1945, Lacan está às voltas com as consequências concretas da exacerbação radical desse modo de laço: violência e destruição. Nas palavras de Marx, barbárie.

Lacan desenvolve essa concepção freudiana sobre esse laço social em diversos momentos ao longo da obra, e chega a propor a ideia de que o inconsciente é o discurso do Outro. Ao se pensar que o inconsciente é o discurso do Outro, temos aqui alguns desdobramentos. Um deles é o apresentado no Seminário 17, de que o discurso do mestre é o discurso do inconsciente. Ora, vejamos que, a partir daí, temos certas consequências possíveis. Uma delas é que na própria estrutura do inconsciente, no seu nó central, há toda uma relação que se sustenta pela via da mestria, do senhor, da escravidão, da relação entre senhor e objeto. O (A) não barrado do grafo do desejo se refere a isso. E Lacan continua marcando essa ideia em diversos momentos: o "ao menos um" das fórmulas da sexuação; o Outro do Outro (que não há); entre outras citações.

Trata-se de estruturar-se em torno de uma lógica que envolve submissão e submetido, que envolve ser objeto do Outro ao mesmo tempo em que se recusa ser. Veja bem: na psicose, o sujeito identificado ao objeto e sustentando a lógica de haver um Outro absoluto; na neurose, tenta-se de alguma forma inscrever a barra no Outro, mas não se impede de suspeitar haver esse ao menos um, esse mestre que detém a resposta ao enigma da diferença sexual; na perversão, a sustentação, de forma cindida, desse Outro não castrado em uma posição de suplementariedade de gozo.

Ou seja, o laço social que Freud marca em *Psicologia das massas* se mantém na medida em que se supõe no Outro um saber que pode dizer sobre quem é o sujeito. Logo, como está desenvolvido no texto *O tempo lógico e a asserção da certeza antecipada*, trata-se de dizer "quem sou eu", de definir, de sustentar um predicado que diga de mim e que, portanto, diga do laço também. Faz-se massa quando se pretende criar um predicado comum que diga o que é uma pessoa. Novamente, estamos em torno da sustentação de uma problemática que envolve a produção imaginária de sentido e a defesa desse sentido que diga quem sou eu. O efeito disso, de se sustentar narcisicamente a partir desse predicado e de supor que há uma definição universal do que deve ser um homem, leva, inevitavelmente, a barbárie: "Movimento que fornece a forma lógica de toda assimilação 'humana', precisamente na medida em que ela se coloca como assimiladora de uma barbárie e, no entanto, reserva a determinação essencial do [eu]" (LACAN, 1948, p. 121).

Assim, o que se via antes (e que, aqui sim, vemos a atualidade dos *Escritos*) é um efeito de laço que dá suporte a uma proteção imaginária (veja novamente o filme de zumbis aqui), e que tem, como consequência, segregação (nós, os vivos, contra eles, os não-homens, os mortos, os zumbis). A sustentação de um predicado imaginário conduz, de forma inevitável, à violência.

Curiosamente, uma das continuações de 1978 do filme de Romero é *Madrugada dos mortos*. Não se trata dos mesmos personagens, mas da mesma trama: há um apocalipse zumbi acontecendo sem razão aparente. Nesse caso, os personagens se trancafiam não em uma casa, mas em um shopping center, e passam a viver lá uma vida tranquila, mas cercados pelos zumbis por todos os lados. É necessário dizer a metáfora de segregação social? Mais que isso, é necessário dizer que os mortos adentram, assim mesmo, ao shopping?

Referências

AULAGNIER, P. *A violência da interpretação:* do pictograma ao enunciado. Rio de Janeiro: Imago, 1979.

ENDO, P. C. *A Violência no coração da cidade: um estudo psicanalítico.* São Paulo, Escuta/Fapesp, 2005

FERRARI, I. F. "Agressividade e violência" in *Revista Psicologia Clínica,* Rio de Janeiro, v. 18, n. 2, 2006.

FREUD, S. "El problema económico del masoquismo" (1924) ["O problema econômico do masoquismo"] in *Obras completas,* 2ª edição, vol. XIX. Buenos Aires: Amorrortu, 2004.

________. "El Malestar en la cultura" (1930 [1929]) ["O mal-estar na cultura"]. In Obras completas (Vol. 21). Buenos Aires: Amorrortu, 2004.

________. "¿Por qué la guerra?" (1933 [1932]) ["Por que a guerra?"]. In Obras completas (Vol.22). Buenos Aires: Amorrortu, 2004.

LACAN, J. *O seminário 16. De um outro ao Outro.* Rio de Janeiro: Zahar, 2008.

________ *O seminário 17. O avesso da psicanálise.* Rio de Janeiro: Zahar, 1998a. Trad. A. Roitman.

______. *A Terceira.* (1974). Seminário com publicação inédita.

______. "Função e campo da fala e da linguagem em psicanálise". In *Escritos.* Rio de Janeiro: Jorge Zahar. Trad. V. Ribeiro, 1998b.

______. "O tempo lógico e a asserção de certeza antecipada". In *Escritos.* Rio de Janeiro: Jorge Zahar. Trad. V. Ribeiro, 1998b.

MASSON, J. M., ed., *A Correspondência Completa de Sigmund Freud para Wilhelm Fliess.* Imago, São Paulo, 1986. Trad. V. Ribeiro

RUSSELL, J. *Zumbis: O livro dos mortos.* São Paulo: Leya Cult, 2010. Trad. É. Assis e M. A. de Almeida.

ŽIŽEK, S. *Alguém disse totalitarismo?* São Paulo: Boitempo, 2009.

_______ (2009b). *Violência.* Lisboa: Relógio D'água.

Sobre o autor

Ivan Ramos Estêvão é psicanalista, graduado em Psicologia pela Pontifícia Universidade Católica de São Paulo (PUC-SP), mestre e doutor em Psicologia Clínica pela USP (Universidade de São Paulo). Dedicou-se a pesquisa em epistemologia, teoria e prática psicanalítica, trabalhando especificamente com Freud e Lacan, acerca de suas articulações entre psicanálise e teorias sociais. Professor da pós-graduação da USP, é membro da Internacional dos Fóruns e recentemente publicou a obra: *A teoria freudiana do Complexo de Édipo* (Escuta, 2017).

4. A usabilidade do morto-vivo na sociedade pós-industrial

Lúcio Reis Filho

Observar o filme *A noite dos mortos-vivos* (*Night of the Living Dead*, 1968) dentro do seu contexto de produção, a inquietude da era atômica, permitiu entendê-lo como peça representativa da contracultura, responsável por desferir dura crítica ao *establishment* dos Estados Unidos de fins dos anos 1960. O primeiro longa-metragem do cineasta norte-americano George Romero mudou para sempre o fazer cinematográfico e abriu um novo capítulo na história do horror. Lançado no ano crítico daquela década, fundou um gênero — os filmes de zumbi — muito influente desde então, e que há muito deixou de se limitar à moldura da tela prateada, contaminando a televisão, os videogames, a literatura, os quadrinhos e a música. Através da remodelagem do zumbi pelas mãos de Romero (o que define como "modelo romeriano de horror") e de seu legado, atestei o caráter perene desse modelo e a sua permanência na sociedade pós-industrial.

Sabe-se que os mortos-vivos retornaram ao imaginário no fim dos anos 1990 e tomaram de assalto a cultura pop na década seguinte, voltando à circulação em um período de importantes desenvolvimentos científicos e tecnológicos, do advento das novas mídias aos avanços da Medicina, e também de crises econômicas, tensões no cenário geopolítico internacional e explosão de novas contraculturas na era do capitalismo "pós-industrial". Discutirei, pois, o retorno de um gênero que renasceu da tumba, conquistou terreno em diversas plataformas, sofreu uma série de reatualizações no *fin-de-siécle*, na era Bush e além, e continua se expandindo de forma significativa. Por conseguinte, observarei a usabilidade do morto-vivo como instrumento de crítica da sociedade capitalista através das obras que mais se destacaram nas últimas décadas.

Do morto-vivo como alegoria social

Serge Daney e Elliot Stein (HERVEY, 2008, p. 21) consideram *A noite dos mortos-vivos* uma alegoria. Em torno da definição deste conceito, Heinrich Lausberg retoma a noção de procedimento construtivo, técnica metafórica de representar e personificar abstrações (HANSEN, 2006, p. 7). Para Nicolau Sevcenko, trata-se de um modo de representação simbólica, uma vez que "o princípio da representação alegórica [...] é a função política que ela comporta" (1996, pp. 118-119). A mais importante contribuição de George Romero para o gênero do horror foi a criação, ou melhor, remodelagem da figura do zumbi como alegoria da sociedade norte-americana (BERNARDINI, 2010, p. 180). Ainda mais por tê-lo feito em

1968, "ano que se desenrolou como um longo filme de horror desprovido de lógica, explicação ou final feliz" (HERVEY, 2008, p. 22). Como o seu primeiro filme, no qual a epidemia dos mortos-vivos se mostra "sintomática" da própria vida nos Estados Unidos (MADDREY, 2004, p. 51) em tempos de incertezas políticas, violência extrema e desintegração social.

> Em 1968 [...] o país era atormentado por múltiplas crises internas e externas. Pareciam tão esquivos como sempre os objetivos gêmeos da justiça social e econômica. Política e culturalmente polarizada, atolada até o pescoço em uma guerra que não conseguia vencer, a nação chafurdava em descontentamento. Preocupados, alguns observadores diziam que a América perdera sua coesão e estava caindo aos pedaços. (SELLERS, 1990, p. 395)

Para os críticos James Hoberman e Jonathan Rosenbaum (1983, p. 125), *A noite dos mortos-vivos* representa não apenas um clássico do horror, mas uma visão singular do fim da década de 1960 — e uma eficiente projeção de 1968.

Os autores encontraram respaldo em Jamie Russell, para quem o "niilismo de Romero parecia muito sintonizado com o seu tempo" (2010, p. 119), e atribuíram à estética do filme à conexão com as questões que estavam na ordem do dia. Ao tratar de uma nação que enfrentava violenta crise interna, marcada pelos movimentos sociais e pela repressão policial, o filme exibe, de forma alegórica, imagens de uma família comendo a carne dos seus e vigilantes armados abatendo a tiros cidadãos comuns, frequentemente confundidos com os mortos-vivos. Em outras palavras, uma alegoria dos Estados Unidos devorando a si próprios.

A noite dos mortos-vivos fez emergir o subgênero do "apocalipse zumbi", representação das ansiedades da era atômica e do turbulento ambiente social dos Estados Unidos nos anos 1960. Esse subgênero engloba elementos narrativos que se tornariam canônicos nas histórias de zumbi dali em diante: a inexplicável epidemia que reergue os mortos, a desestruturação da sociedade, a desarticulação do poder político, o esfacelamento dos valores tradicionais da classe média, a desintegração da instituição burguesa da família nuclear, o universo de conspiração, o silêncio opressivo das autoridades, a ineficácia dos meios de comunicação, as casas abandonadas, os ambientes desertos e silenciosos.

Segundo o escritor afro-americano Colson Whitehead, autor da história de zumbi *Zone One* [Zona Um] (2011), "cada época cria seus próprios monstros. Nós temos os nossos, a próxima geração terá os seus" (Whitehead citado por MADRIGAL, 2011). Para Russell, "[...] os monstros que dominam qualquer cultura ou período particular oferecem um vislumbre pouco usual dos medos e tensões que caracterizam o momento histórico" (2010, p. 18).

Em *A noite dos mortos-vivos*, os zumbis funcionam como metáfora das realidades econômicas, das mudanças demográficas e da ruptura dos tradicionais papéis de gênero. Implacáveis, eles cercam a casa de fazenda em Evans City, esconderijo dos sobreviventes, foco de poder e microcosmo da sociedade norte-americana no crepúsculo dos anos 1960. Nesse cenário, o cineasta pôde elaborar o que chamou "crônica sociopolítica dos tempos" (Romero citado por ECO, 2007, p. 422). A abordagem metodológica proposta por Marc Ferro (1992, p. 87) possibilitou o exame desse filme enquanto produto cujas significações refletem os valores culturais da sociedade que o produziu — nesse caso em específico, os valores da geração contracultural.

De acordo com Romero, seu primeiro filme "falava sobre a revolução, sobre as novas gerações tomando o lugar das mais velhas" (Romero citado por SARACINO, 2009, p. 41). Sem perder de vista a sua integração ao mundo social, com o qual se comunica, necessariamente, *A noite dos mortos-vivos* pôde ser entendida como um manifesto da contracultura. O tom niilista desse filme emanava também de outros produtos contraculturais através das vozes de jovens engajados e desiludidos com os rumos que a sociedade norte-americana estava tomando. Vozes essas que parecem nunca ter silenciado, dada a recorrente "utilização do zumbi como uma lente através da qual podemos examinar o momento histórico" (BERNARDINI, 2010, p. 179). Por isso, a necessidade de pensar a respeito da usabilidade do morto-vivo na sociedade pós-industrial e da reatualização desse conceito como instrumento de crítica ao sistema capitalista e alegoria de medos sociais, ou da sublevação das camadas sociais rejeitadas.

Da utilização do morto-vivo como crítica e prognóstico

De acordo com Lauro e Embry, "[...] o indivíduo, sob o capitalismo, é frequentemente caracterizado como um zumbi" (2008, p. 92). Os cineastas e a crítica notaram a ressonância deste com o desempenho mecanicista do trabalhador fabril, operário da indústria em estado vegetativo, alimentado pela ideologia e com a mandíbula selvagem do Estado-nação. Dado que o corpo zumbificado se converte em tábula rasa, desprovida de consciência, é possível relacionar o processo de "zumbificação" à "despersonalização", à perda do Eu. Deveras, o zumbi evoca um terror duplo: "O medo primordial de ser devorado, que ameaça principalmente o corpo físico, e o medo secundário de perder a consciência e tornar-se parte da horda monstruosa" (LAURO e EMBRY, 2008, p. 88). Esse terror duplo denota a representação daquilo que, segundo Jean-François Lyotard, o capital fez dos proletários ingleses, que gozaram da destruição imposta a seus corpos orgânicos e da decomposição de suas identidades individuais (CHÂTELET, 2000, p. 381-2).

Para Marx, a indústria moderna possui um organismo produtivo puramente objetivo, "no qual os trabalhadores tornam-se meros apêndices de uma condição de produção material pré-existente" (1909, p. 421). No prefácio de *A dialética do esclarecimento* (1944), Adorno e Horkheimer escreveram que o indivíduo é totalmente anulado diante das forças econômicas. Estas forças estariam levando o domínio da sociedade sobre a natureza a um patamar inimaginável. Conforme os indivíduos, enquanto tal, desaparecem diante do aparato ao qual servem, eles são mais bem provisionados por esse aparato do que jamais foram. Se o indivíduo é uma ficção conjurada pela estrutura econômica para garantir a dominação, como sugerem os autores (LAURO e EMBRY, 2008, p. 96), a *morte* parece ser a "única réplica eficaz ao poder" (Baudrillard citado por CHÂTELET, 2000, p. 383), o que efetiva a "'grande recusa a ser parte do sistema" (GOFFMAN, 2007, p. 304).

Porém, o zumbi não é utilizado como mera alegoria da morte do indivíduo, algo que já aconteceu e continua a se arrastar, mas também como promessa distópica que assegura a destruição de um sistema sem deixar um substituto. Ainda que se trate de uma metáfora pessimista, o zumbi oferece a reflexão mais apropriada para o momento que vivemos, especialmente para os Estados Unidos dentro da economia global (LAURO e EMBRY, 2008, pp. 92-93; 96). Nessa conjuntura, a figura monstruosa do capitalismo se alimenta do labor dos pobres, dos imigrantes e da mão-de-obra dos países do "terceiro mundo".

Romero declarou que seu interesse pelos mortos-vivos se deu pela identificação dos mesmos com a classe operária. Para o cineasta, os mortos-vivos são "aqueles que 'saem para coletar a cana de açúcar' enquanto 'Lugosi vive em um castelo'" (citado por BERNARDINI, 2010, p. 178). Seus mortos-vivos surgiram como a segunda geração dos zumbis trabalhadores dos filmes de horror dos anos 1930 (KRZYWINSKA, 2008, p. 159), tais como *Zumbi branco* (*White Zombie*, Victor Halperin, 1932), *Ouanga* (George Terwilliger, 1936) e *Revolta dos zumbis* (*Revolt of the Zombies*, Victor Halperin, 1936). Profundamente associados àqueles de desempenharam um papel na Revolução do Haiti, os zumbis primordiais são corpos que se erguem para trabalhar nas plantações. Antes uma alegoria do corpo colonial escravizado, o zumbi passou a representar o novo escravo, o trabalhador capitalista que vive a ilusão de ser livre, e também o consumidor, preso no âmago do construto ideológico que garante a sobrevivência do sistema.

Foi *Despertar dos mortos* (*Dawn of the Dead*, 1979), o segundo filme do universo cinemático dos zumbis romerianos, que estabeleceu a relação entre os mortos-vivos e o consumismo. Considerada uma catástrofe pós-industrial e uma parábola da deterioração do meio ambiente nos anos 1970, essa alegoria social expõe "o vazio da sociedade de consumo, a derrocada da civilização Ocidental, e apresenta o zumbi como uma paródia do homem moderno" (DENDLE, 2001, p. 42).

Desde então, os mortos-vivos têm sido utilizados como representação da sociedade de consumo em diversos produtos da cultura pop. A canção *Macy's Day Parade* (2000), da banda norte-americana Green Day, é outro exemplo importante. Ambientada na noite de Ação de Graças, inicia com os seguintes versos: "Hoje é o dia do desfile de Ação de Graças/A noite dos mortos-vivos está a caminho"[1]. A canção cita diretamente o primeiro filme de Romero e faz referência também ao segundo, ao comparar os mortos-vivos com as hordas de pessoas que dispensam a ocasião ao lado de suas famílias para sair no frio, na véspera da Black Friday, aglomerando-se em frente às lojas prestes a abrir as portas.

O zumbi, andarilho compulsivo que vagueia cegamente em busca de carne (humana) fresca, "é uma máquina que

[1]Livre tradução de: "Today's the Macy's Day Parade/The night of the living dead is on its way".

realiza duas funções: consumir e produzir mais consumidores" (LAURO e EMBRY, 2008, p. 99). Ao fazer dele um canibal, traço ausente nos seus antepassados, Romero pode catalisar a transmissão de seu comentário sobre o papel do materialismo e do consumismo na vida contemporânea (MURPHY, 2009, p. 86). Máquina de consumo não-consciente, o zumbi é movido *tão somente* pela necessidade perpétua de consumir. Em seu estado frenético de puro consumo, nunca atacará outro zumbi; infectará e alimentar-se-á daqueles que não partilham da opressão do seu estado. A sua atividade reprodutiva seria um efeito colateral de sua própria fome, dado que é através da mordida que se reproduz. De certo modo, destina-se a transferir a sua carga, mas o resultado é a multiplicação de sua condição, ou seja, o zumbi não se liberta da mesma ao passá-la adiante. Acaba por embaçar a fronteira entre senhor e escravo, que permite transferir a carga da necessidade para outro. Logo, se o apetite não é saciado, todos se tornam escravos (LAURO e EMBRY, 2008, p. 100).

> Nossos trópicos estão sendo tomados por mortos-vivos. Jovens zumbis posam de estudantes, sentados nas salas de aulas, enquanto os dedos percorrem os teclados de *smartphones* e a mente flana sem direção por espaços virtuais e mídias sociais. Zumbis operários simulam trabalho nas estatais, nas linhas de montagem e nas centrais de atendimento. Zumbis emergentes vagam pelos *shopping centers*, os olhos vidrados nas vitrines. [...] Nos bancos escolares, os estudantes têm seus cérebros retirados. Perdem o senso crítico, desenvolvem obsessão pelo status e voracidade

> pelo dinheiro. [...] Nessas estranhas organizações, a vida segue roteiro de filme *trash*. O pior é que [...] estamos nos tornando cada vez menos capazes de perceber a diferença. (WOOD JR., 2012, p. 47)

Além de fazer dele um símbolo do consumismo, a importação norte-americana do zumbi transformou-o em "bicho-papão" (LAURO e EMBRY, 2008, p. 87), em representação de várias preocupações sociais e metáfora da alienação do trabalho enquanto morte lenta, gradativa e sufocante. A figura do morto-vivo semidecomposto e insaciável aparece hoje em diversas mídias, muitas vezes na condição de crítica social ou prognóstico do monstruoso futuro do capitalismo. No século XXI, o modelo romeriano e seus descendentes também deram origem a uma terceira geração de zumbis, filha da era digital. Em sua forma contemporânea, cooptada pelo capitalismo pós-industrial, os zumbis se tornaram assassinos especializados, com intelecto desenvolvido e alto índice de eficiência. O zumbi do campo, das minas e das linhas de montagem das primeiras fases da industrialização, ou da classe trabalhadora de meados do século XX, foi então substituído pelo zumbi da Toyota, da Madison Avenue, da Wall Street ou do Vale do Silício, no interior da tecnocracia capitalista contemporânea.

Da usabilidade do modelo romeriano

A mais recente trilogia de Romero, composta pelos filmes *Terra dos mortos* (*Land of the Dead*, 2005), *Diário dos mortos*

(*Diary of the Dead*, 2007) e *A ilha dos mortos* (*Survival of the Dead*, 2009), encapsula questões contemporâneas que abasteceram a re-emergência do gênero no início do século XXI. Segundo Newman (2011, p. 578), estão ali presentes comentários sobre infecções virais como a aids e a gripe suína, acontecimentos como o 11 de setembro e a guerra ao terror, o furacão Katrina, os conflitos no Iraque e no Afeganistão, as crises bancária e de crédito. Isso demonstra o retorno do cineasta à matriz dos seus primeiros filmes e a reatualização do zumbi para o tempo presente, agora amadurecido o bastante para voltar a funcionar como alegoria social. Se, por um lado, essa trilogia parece menos moderna do que as produções da terceira geração de filmes de zumbi, como os apocalípticos *Extermínio* (*28 Days Later*, Danny Boyle, 2002), *Madrugada dos mortos* (*Dawn of the Dead*, Zack Snyder, 2004, refilmagem de *Despertar dos mortos*) ou *Guerra mundial Z* (*World War Z*, Marc Forster, 2013), os filmes de Romero ainda representam, aos olhos de Newman, contraponto vital da visão de fim dos tempos, recorrente na história moderna dos Estados Unidos. Russell sugere que a recepção favorável dos zumbis pela audiência deva-se ao espectro de inquietações milenares que paira sobre esses filmes, da SARS ao terrorismo. Da nova trilogia de Romero merece destaque o primeiro filme, quarto título em seu universo cinemático de zumbis.

Com foco na política de guerra ao terror, as ameaças de terrorismo e os elementos que reforçam o medo de contágio foram incorporados à representação do morto-vivo. Este, além de alegoria do indissociável medo da morte e de metáfora pessimista, passou a simbolizar mais diretamente toda sorte de infecções virais de difícil erradicação (2010, p. 228). Anos antes, Dendle já havia destacado o caráter essencialmente corporal desse monstro e a sua relação com diversas doenças, entre elas a peste bubônica, o câncer, a aids e até mesmo a acne (2001, p. 12). No início do século XXI foi acrescentado ao repertório o antraz. Doença infecciosa aguda provocada por uma bactéria que forma esporos, o antraz também pode ser usado como arma biológica. Isso aconteceu nos Estados Unidos em 2001, quando a bactéria foi disseminada deliberadamente pelo sistema postal através de cartas que continham pó contaminado. O ataque resultou em 22 casos de contágio por inalação, e cerca da metade das vítimas faleceu[2]. Vale lembrar que a explicação preferencial para a epidemia dos mortos-vivos, nos dias de hoje, tem sido a doença infecciosa ou a arma biológica que escapa ao controle, o que resulta inevitavelmente na impiedosa execução dos "infectados" em nome da autodefesa (PAFFENROTH, 2006, p. 134).

Terra dos mortos retoma a crítica ao materialismo e ao consumismo, e inclui o tema da estratificação das classes enquanto mal intimamente relacionado a essas práticas. Fala sobre derrubar os muros que oferecem falsa segurança aos poderosos. Segundo Paffenroth, Romero corporificou o mais sombrio de todos os vilões na figura de Kaufman (Dennis Hopper), "combinação do barão capitalista com o imperador romano louco e o rei do crime organizado". Seu

[2]Dados de acordo com *http://www.cdc.gov/anthrax/*, acesso em: 18/10/2016.

nome significa "comerciante", e essa seria a essência do personagem. Ao fazer da figura do comerciante o novo líder da sociedade humana remanescente, Romero parece sugerir que a forma mais elevada de poder da velha estrutura social seria o comércio. Nessa óptica cínica e desconfortavelmente realista, o exercício real do poder não advém do governo, dos militares ou da Igreja, e sim dos ricos, que se utilizam de suas instituições como *fronts* de maquinações egoístas. "De acordo com Romero, a Casa Branca, o Pentágono e o Vaticano não governam o mundo — a Wall Street o faz" (PAFFENROTH, 2006, p. 125). Ainda de acordo com o autor,

> [...] os zumbis também se mostram capazes da não-violência e mesmo de algo semelhante à virtude e à bondade. Tendo conquistado o mundo, não saem mais em busca de presas, até serem provocados por humanos tolos e gananciosos. Ao contrário, vivem na [cidade] não por acaso denominada Uniontown, um nome tão rico simbolicamente quanto Romero poderia pretender. O que coloca a cidade zumbi em oposição irônica à sociedade criada por Kaufman, este que procura manter, por meios criminosos, seus inimigos desorganizados e fraturados entre si, fazendo de Fiddler's Green o derradeiro símbolo da desunião e da desarmonia. Há também o sentido de "união" como labor organizado, assim como foi o nome do Norte na Guerra Civil Americana, o que projeta Kaufman como um continuador da América corporativa, que se separa da união, e também do escravismo do Sul, do estado de guerra entre classes e da contenda racial. (PAFFENROTH, 2006, p. 130-1)

Terra dos mortos é um dos filmes de estúdio mais contestatórios realizados em muitos anos. A escolha de Romero em utilizar o zumbi como instrumento para a crítica social tem inspirado produções altamente criativas, a despeito das sequências, refilmagens e pastichos da sua obra. Na produção de média-metragem *Candidato maldito* (*Homecoming*, 2005), episódio da série televisiva *Masters of Horror*, Joe Dante retratou soldados mortos nos conflitos do Oriente Médio que retornam aos Estados Unidos como zumbis durante as eleições para impedir a recondução de George W. Bush ao cargo.

Candidato maldito é uma sátira extremamente crítica do conservadorismo político, da direita americana e seus tentáculos midiáticos, dos falcões da guerra e das personalidades de ocasião, que dançam conforme a música do poder. Peça exemplar do legado de Romero, *Candidato maldito* surge também em um momento de crise, em tempos de supremacia da direita política e da controversa Guerra no Iraque, conflito internacional encabeçado pelos Estados Unidos. Nesse sentido, talvez possamos pensar nos mortos-vivos nazistas do filme norueguês *Zumbis na neve* (*Død snø*, Tommy Wirkola, 2009) como alegoria do renascimento de grupos de extrema direita no mundo.

Da renovação do modelo romeriano e da atualidade dos mortos-vivos

Na sociedade pós-industrial, os mortos-vivos encontraram um ambiente fértil para reviver. Dentro de uma conjuntura em que os eventos na Baía de Guantánamo e em Abu Ghraib foram considerados equivalentes à violência e à insensibilidade dos tempos do Vietnã e do massacre na Universidade de Kent State (NEWMAN, 2011, p. 578), o zumbi recuperou a sua função de crítica social. O renascimento dos filmes de zumbi, portanto, coincidiu com um momento histórico em que o modelo romeriano de horror se revelava mais apropriado do que vampiros, lobisomens ou assassinos em série (RUSSELL, 2010, p. 228). O caráter perene desse modelo e suas reatualizações em tempos de crise parecem intrinsecamente ligados às correntes contraculturais e aos medos que se propagam de forma epidêmica na sociedade. Observaremos esses condicionantes a seguir.

No final do século XX, conforme a produção cultural era influenciada pelas novas tecnologias e pelas tendências conservadoras na política, na sociedade e nos meios de comunicação, manifestava-se também a reação às essas tendências:

> A mídia alternativa sobreviveu e até se expandiu com a internet. Empresas independentes lançaram produtos cada vez mais sofisticados e frequentemente alternativos. Mesmo as gravadoras gigantescas produziram opções alternativas e inovadoras, como os trabalhos de Bruce Springsteen, Rage Against the Machine, Green Day, Annie DiFranco, Pearl Jam e Nirvana, que chamaram a atenção de muitos americanos com seus temas de rebeldia, desespero e crítica social. Música rap e cultura hip hop desenvolveram discursos sobre pobreza, racismo e brutalidade da polícia muito contrários ao *status quo*. Diretores inovadores como David Lynch e John Sayles também tiveram espaço para romper

> com as fórmulas vulgares de Hollywood. Numa série de documentários de sucesso de público, Michael Moore criticou, a seu modo peculiar, a concentração de riqueza, a hipocrisia política e o militarismo da sociedade americana. (PURDY, 2007, pp. 272-273)

O niilismo que alimentava essas contraculturas e a ansiedade relacionada ao fim dos tempos nos remetem ao contexto de *A noite dos mortos-vivos*. Matthew Barrett Gross e Mel Gilles (2012) sustentam que a ideia do apocalipse, confinada à arena religiosa por quase dois mil anos, ampliou-se na mente secular durante a Guerra Fria. Simbolizada pela presença da bomba atômica, a tensão política e militar entre os blocos capitalista e soviético trouxe a consciência de que milhões de seres humanos poderiam morrer a qualquer instante.

No fim dos anos 1990, como nos lembram os autores, o "bug do milênio" veio demonstrar quão profundamente enraizado na mentalidade coletiva estava o medo do apocalipse. Não obstante, Hilleil Schwartz previu que as tensões maniqueístas comuns à experiência de *fin-de-siécle* seriam exageradas nos anos 1990, dado que o fim dos séculos se coloca como momento crítico e prelúdio de uma nova era (GRUNENBERG, 1997, p. 50). Mais tarde, George W. Bush também recorreu à ideia de apocalipse a fim de explicar os atentados de 11 de setembro, instalando esse discurso no centro do debate público.

Em seu *Book of the Dead: The Complete History of Zombie Cinema* [Livro dos mortos: a história completa do cinema zumbi] (2005), Russell declarou que "vivemos em tempos preocupantes e incertos nos quais [...] nossa fé na coesão da ordem social foi profundamente abalada" (2010, p. 229). Segundo o autor, o medo de desastres naturais e de ataques terroristas, a preocupação com as armas de destruição em massa — principalmente depois das ameaças com antraz — e o medo de uma bomba radioativa ser lançada em um grande centro metropolitano parecem ter encontrado, dentro da cultura pop, uma válvula de escape pertinente nos filmes de zumbis.

Como para provar esse argumento, dois meses depois do lançamento de *Terra dos mortos* nos Estados Unidos, os canais de notícias mundiais foram subitamente dominados pelas terríveis imagens de Nova Orleans no despertar do furacão Katrina. Na CNN, vimos cenas da cidade devastada que podiam ter sido cenas de fundo de um filme de Romero: residentes confusos e assustados vagando pelas ruas alagadas; saques e ilegalidades; a incompetência dos órgãos governamentais. Os mortos não estavam caminhando, mas tudo soou muito familiar (RUSSELL, 2010, p. 229).

Simon Pegg, co-escritor de *Shaun of the Dead*, relacionou esses medos à súbita explosão de filmes de zumbis no início dos anos 2000. O medo do outro e de nós mesmos, a sensação de que todos poderiam ser explodidos a qualquer momento em um ataque terrorista e a atualidade de questões como a paranoia viral, o medo dos estrangeiros e a xenofobia (Pegg citado por RUSSELL, 2010, pp. 228-229). O conceito do zumbi foi então reatualizado. Já perdera a conotação mágico-religiosa e racial pelas mãos de George Romero, em 1968, e agora, a partir do novo século, passou a se relacionar mais fortemente com a ideia de apocalipse, tornando-se a expressão perfeita desses medos que levariam ao inevitável. Desde o fim dos anos 1990, e especialmente durante a renovação na era Bush, esse prolífico gênero, mescla de horror e ficção científica, invadiu o *mainstream*, o que se deve ao grande número de filmes e jogos de videogame. Estes produtos apresentavam uma pandemia em larga escala, que resultava no rápido colapso da modernidade tecnológica e do capitalismo transnacional em escala global.

Essa renovação nos remete ao divisor de águas do gênero, o game *Resident Evil* (*Biohazard*, 1996), cujo argumento central é o medo de que os laboratórios possam disseminar uma pandemia. Desenvolvido pelo designer gráfico Shinji Mikami para a companhia japonesa Capcom e para plataforma Sony PlayStation, tornou-se um dos games mais vendidos no fim dos anos 1990. Segundo Tania Krzywinska (2008), seu arco narrativo combina os gêneros da ficção científica e do *survival horror*, que podem ser identificados em *A noite dos mortos-vivos*, acrescentando à trama a dimensão conspiratória de *Arquivo X* (1993-2002 e 2016), série televisiva muito popular à época. A história do game começa quando uma epidemia é desencadeada acidentalmente pela poderosa corporação farmacêutica *Umbrella*, depois que um vírus de laboratório foge ao controle. Os contaminados transformam-se em zumbis e outras criaturas grotescas.

Os três primeiros títulos da série são ambientados na fictícia Cidade de Raccoon, no oeste dos Estados Unidos.

O enredo do game original se desenrola em uma mansão abandonada nos arredores da cidade, e funciona como um prelúdio à infestação de mortos-vivos que tomará a área urbana nos próximos dois títulos. Em *Resident Evil 2* (1998), os personagens Claire Redfield e Leon S. Kennedy tentam sobreviver na cidade devastada pelos zumbis, ao mesmo tempo em que mergulham nas tramas da conspiração que os cerca.

Em *Resident Evil 3: Nêmesis* (1999) é a vez da protagonista Jill Valentine que, em meio aos zumbis e outras anomalias genéticas, deve confrontar um novo horror criado pela *Umbrella*. As narrativas de *Resident Evil 2* e *Resident Evil 3* se passam dentro de um mesmo espaço de tempo, e ambas terminam com a destruição da cidade por um míssil nuclear, lançado pelas forças armadas para conter a epidemia. Os próximos três títulos da série, *Resident Evil 4* (2005), *Resident Evil 5* (2009) e *Resident Evil 6* (2012), sem contar os inúmeros *spin-offs*, enfocam no bioterrorismo e na manipulação genética, substituindo definitivamente o modelo romeriano por monstruosidades de laboratório.

De acordo com Krzywinska (2008), a popularidade dos mortos-vivos nos videogames pode ser explicada em parte pelo modo com que o zumbi articula, em um contexto de fantasia mediada, os medos contemporâneos sobre a perda de autonomia e a capacidade da ciência de criar devastações apocalípticas. Um exemplar recente e bastante significativo é o game pós-apocalíptico *The Last of Us* (2013), no qual o jogador precisa se defender de humanos hostis e criaturas canibais infectadas por uma estirpe mutante do fungo *Cordyceps*. Para Neil Ferguson[3], epidemiologista do Imperial College, na Inglaterra, a associação do zumbi a elementos que salientam a ideia de contágio reflete os medos do nosso tempo acerca dos perigos da manipulação genética e da propagação de novas doenças pelos laboratórios. Nas palavras de Paffenroth,

> Esta última racionalização de uma arma biológica pode ser o sintoma de um mundo pós-11 de setembro, ansioso com as possibilidades do bioterrorismo, da mesma maneira que a geração anterior viveu constantemente nas sombras de uma guerra nuclear, e os zumbis eram então retratados como resultado da radiação. Tanto o zumbi nuclear como o zumbi do bioterrorismo são símbolos de nossas insanas ânsias em destruir a nós mesmos e o assustador portento de que talvez tenhamos sucesso. (PAFFENROTH, 2006, pp. 2-3)

A relação entre os games e os filmes de mortos-vivos resultou em uma espécie de retroalimentação característica da cultura pop. Esse processo pode ser explicado por Paffenroth, para o qual a inspiração teria ocorrido em movimento circular. Ao mesmo tempo em que o modelo romeriano de horror povoou os games da franquia *Resident Evil*, esta, por sua vez, tornar-se-ia uma série de filmes — seis

[3]The infectious nature of the Zombies. Entrevista com Neil Ferguson. Acesso em: 2 jul. 2010. Disponível em: *http://news.bbc.co.uk/today/hi/today/newsid_8206000/8206612.stm*

produções entre 2002 e 2016 e duas animações —, estimulando a realização em diversas mídias. *Madrugada dos mortos*, refilmagem de *Despertar dos mortos*, foi considerado pela crítica algo próximo da linguagem de games mais recentes do gênero pela representação de monstruosidades transgênicas rápidas e de alto desempenho (2006, p. 1). Os zumbis dos games *Painkiller* e *Doom3*, por exemplo, "são capazes de movimentar-se de maneira rápida e decisiva. Sempre alerta, espertos e fortemente armados, já não são os emblemas da abjeção ou a alegoria da alienação.

Esse desenvolvimento deve-se, em grande parte, à disponibilidade de recursos gráficos e de animação" (KRZYWINSKA, 2008, p. 159). Vale mencionar também os recentes *Left 4 Dead* (2008), *Dead Island* (2011) e *Dying Light* (2015). Em suma, assim como *Resident Evil* pegou um gênero há muito esquecido e lhe deu vida nova ao transferir os enredos apocalípticos e arquetípicos de Romero do cinema para a sala de estar, o próprio filme de zumbi descobriu uma nova perspectiva de vida (RUSSELL, 2010, p. 205). Dessa maneira, o sucesso da franquia *Resident Evil* parece ter ampliado o interesse pelas narrativas cinematográficas sobre os mortos-vivos, promovendo a sua reatualização para o tempo presente.

De acordo com Harold Varmus (2003), a catástrofe imaginada por Danny Boyle em *Extermínio* (*28 Days Later*, Danny Boyle, 2002) constitui um exemplo significativo dessa reatualização, e uma peça importante do legado de Romero. O filme, que gerou a continuação *Extermínio 2* (*28 Weeks Later*, Juan Carlos Fresnadillo, 2007), abre com uma cena breve e agitada, na qual ativistas dos direitos dos animais, mascarados como terroristas, invadem um laboratório e libertam chimpanzés infectados por uma variante do vírus da raiva. A sequência corta para um cenário desolador, 28 dias depois. Londres está estranhamente calma e deserta, Manchester está em chamas e restam poucas pessoas vivas em qualquer parte da ilha britânica. O comportamento do vírus é chocante e sem precedentes: transmitido através de fluido corporal, espalha-se em questão de segundos, transformando suas vítimas em assassinos enfurecidos e desvairados, dotados de habilidades atléticas super-humanas, capacidade de sobreviver durante vários dias e uma compulsão por atacar e devorar os não-infectados.

Extermínio costuma ser comparado aos filmes de zumbi romerianos, mas os monstros que apresenta não se tratam de mortos ressuscitados, e sim de pessoas infectadas que perderam os sentidos racionais ainda em vida, o que, segundo Varmus (2003), não os torna menos assustadores que os mortos-vivos. Trazendo a problemática para o século XXI e tecendo significativo comentário social sobre o tempo presente, esse filme oficializou o papel das epidemias no imaginário apocalíptico. Embora tenha sido escrito e produzido antes dos atentados com esporos de antraz, dos debates sobre a vacinação contra a varíola, da busca pelas armas de destruição em massa no Iraque e da ansiedade global relacionada à SARS e à gripe suína, o lançamento do filme nos Estados Unidos, em 2002, alimentou-se do medo rotineiro de uma imprevisível catástrofe microbiológica.

Lauro e Embry destacam uma sequência crucial, em que os sobreviventes encontram um grupo de soldados que acabam por se mostrar mais monstruosos que os próprios infectados. Eles são presos como reféns pelos militares, que mantêm um negro doente acorrentado no pátio e estão prestes a estuprar as duas mulheres do grupo. Quando Jim (Cillian Murphy), o protagonista, liberta os doentes para atacarem os soldados, vemos uma re-encenação da rebelião escrava no Haiti, momento em que os soldados europeus foram antagonizados pelos nativos rebeldes (2008, p. 107). Curiosamente, o filme foi lançado antes da Guerra do Iraque e do grotesco episódio da violação dos direitos humanos na prisão de Abu Ghraib, que incluíram abuso sexual, tortura, estupro e assassinato de detentos por oficiais das forças armadas dos Estados Unidos.

O futuro dos filmes de zumbi

Desde o fim dos anos 1990, os mortos-vivos estão de volta. Vagando no centro da cultura pop mundial, conquistaram terreno em diversas mídias e sofreram significativas reatualizações para se adaptarem ao mundo que encontraram. George Romero declarou ser cínico o suficiente para não acreditar que exista uma razão específica ou um *Zeigeist* que convide as pessoas para esse tipo de produção.

> Um filme faz sucesso e aí todo mundo diz: "Vamos fazer um filme de zumbi." Eu realmente acho que os games *Resident Evil* despertaram as pessoas para a ideia dos mortos-vivos,

> que estava dormente há um tempo. Então *Extermínio* e *Todo mundo quase morto* tacaram lenha na fogueira. (Romero *apud* RUSSELL, 2010, p. 228)

A resposta para a explosão de produções do gênero dos zumbis parece estar no sucesso de *Resident Evil,* que apresentou os mortos-vivos a uma nova geração não familiarizada com a obra de Romero nem com seus derivados. Filmes como *Madrugada dos mortos, Terra dos mortos, Extermínio, Todo mundo quase morto* e *Guerra Mundial Z* mostram a adaptação dos contornos básicos do gênero às mudanças na sociedade. Assim como Romero atualizou os zumbis que primeiramente tocaram nos medos das gerações pregressas, construindo uma representação de seu tempo, o gênero foi se adaptando a novas racionalizações ajustáveis às situações de mudança das audiências.

Como qualquer fenômeno cultural, os filmes de zumbi terão que mudar e se adaptar constantemente para permanecerem uma força poderosa e popular no futuro. Enquanto escrevo este texto, Donald Trump avança implacável na disputa pela presidência dos Estados Unidos. O representante de uma América corporativa propõe uma agenda radical e ultraconservadora, em discursos recheados de racismo, xenofobia e planos para a exclusão dos imigrantes, transformados por ele na metáfora *a la* Kaufman da construção de um muro que separe "eles" de "nós". Questões essas que foram sempre o alvo dos filmes de zumbis mais engajados, no estilo de Romero. Um teste de força para a usabilidade dos mortos-vivos no futuro.

Referências

BERNARDINI, C. "Auteurdämmerung: David Cronenberg, George A. Romero, and the Twilight of the (North) American Horror Auteur" ["Auteurdämmerung: David Cronenberg, George A. Romero e o alvorecer do autor de horror norte-americano". In: HANTKE, S. (ed.). *American Horror Film: The Genre at the Turn of the Millennium* [*Filme de horror americano: o gênero na virada do milênio*]. Jackson: University Press of Mississipi, 2010.

CHÂTELET, F.; DUHAMEL, O.; PISIER-KOUCHNER, E. *História das ideias políticas.* Rio de Janeiro: Jorge Zahar, 2000.

DENDLE, P. *The Zombie Movie Encyclopedia* [*Enciclopédia dos filmes de zumbi*]. Jefferson/Nova Jersey: McFarland, 2001.

ECO, U. (org.). *História da feiúra.* Rio de Janeiro: Record, 2007.

GOFFMAN, K.; JOY, D. *Contracultura através dos tempos: do mito de Prometeu à cultura digital.* Rio de Janeiro: Ediouro, 2007.

GROSS, M.B.; GILLES, M. "America's Endless Apocalypse" ["Apocalipse sem fim da América"]. *Salon Media Group,* 26/2/2012, disponível em *http://www.salon.com/2012/02/26/ americas_ endless_apocalyps e/singleton/*, acesso em 27/2/2012.

GRUNENBERG, C. (ed.). *Gothic: Transmutations of Horror in Late Twentieth Century Art* [*Gótico: transmutações do horror na arte do fim do século XX*]. Cambridge, Massachusetts: MIT Press, 1997.

HANSEN, J.A. *Alegoria — construção e interpretação da metáfora.* São Paulo, S.P.: Hedra; Campinas, S.P.: Editora da Unicamp, 2006.

HERVEY, B. *Night of the Living Dead* [*Noite dos mortos-vivos*]. Londres: British Film Institute, 2008.

HOBERMAN, J.; ROSENBAUM, J. *Midnight Movies* [*Filmes da meia-noite*]. Nova York: Harper and Brow, 1983.

KRZYWINSKA, T. "Zombies in Gamespace: Form, Context, and Meaning in Zombie-based Video Games" ["Zumbis no espaço dos games: forma, contexto e significado em videogames baseados em zumbis"]. In: McINTOSH, S.; LEVERETTE, M. (eds.). *Zombie Culture: Autopsies of the Living Dead* [*Cultura zumbi: autópsias dos mortos-vivos*]. Reino Unido: Scarecrow Press, 2008.

LAURO, S.; EMBRY, K. "A Zombie Manifesto: The Nonhuman Condition in the Era of Advanced Capitalism" ["Um manifesto zumbi: a condição não-humana na era do capitalismo avançado"]. In *Boundary 2*, v.35, n.1, p. 85-108, 2008. Disponível em *http://boundary2.dukejournals.org/content/ 35/1/85.full.pdf*, acesso em: 29/9/2010.

MADDREY, J. *Nightmares in Red, White and Blue: The Evolution of the American Horror Film* [*Pesadelos em vermelho, branco e azul: a evolução do filme de horror americano*]. Jefferson: McFarland & Co., 2004.

MADRIGAL, A. "Bookforum Talks with Colson Whitehead" ["Bookforum conversa com Colson Whitehead"]. In *Bookforum*, 17/10/2011. Disponível em *http://www.bookforum.com/index.php?pn=interview&id=8491*, acesso em 10/12/2011.

MARX, K. *Capital: A Critique of Political Economy* [*O capital: uma crítica à economia política*], v. 1. Chicago: Charles H. Kerr & Company, 1909.

MURPHY, B.M. *The Suburban Gothic in American Popular Culture* [*O gótico suburbano na cultura popular americana*]. Reino Unido: Palgrave Macmillan, 2009.

NEWMAN, K. *Nightmare Movies: Horror on Screen Since the 1960s* [*Filmes de pesadelo: horror na tela desde os anos 1960*]. Reino Unido: Bloomsbury, 2011.

PAFFENROTH, K. *Gospel of the Living Dead: George Romero's Visions of Hell on Earth* [*Evangelho dos mortos-vivos: as visões de George Romero do inferno na terra*]. Texas: Baylor University Press, 2006.

PURDY, S. "O século Americano". In: KARNAL, Leandro. *História dos Estados Unidos: das origens ao século XXI*. São Paulo: Contexto, 2010, p. 173-195.

RUSSEL, J. *Zumbis: o livro dos mortos*. São Paulo: Leya Cult, 2010.

SARACINO, L. *Zombies! Una enciclopedia del cine de muertos vivos* [*Zumbis! Uma enciclopédia do cinema dos mortos-vivos*]. Buenos Aires: Fan Ediciones, 2009.

SELLERS, C.; MAY, H.; McMILLEN, N.R. *Uma reavaliação da história dos Estados Unidos: de colônia a potência imperial.* Rio de Janeiro: Jorge Zahar, 1990.

SEVCENKO, N. "As alegorias da experiência marítima e a construção do europocentrismo". In: SCHWARCZ, L.M.; QUEIROZ, R.S. (orgs.). *Raça e diversidade.* São Paulo: Edusp, 1996.

WOOD JR., T. "Os mortos-vivos". In *Carta Capital,* São Paulo: Editora Confiança, p. 47, 29/1/2012.

Referências

Lúcio Reis Filho é historiador, pesquisador e professor. Doutorando em Comunicação pela Universidade Anhembi Morumbi (UAM), é Mestre nessa mesma área pela Universidade Federal de Juiz de Fora (UFJF, 2012). Investiga as relações entre cinema e história, e, mais especificamente, cinema e literatura de horror. Atualmente, dedica-se à obra e ao legado do escritor norte-americano H.P. Lovecraft.

5. Por que falta voz aos zumbis?

Natalia Romé

Debout! L'heure est venue, à chaque travailleur
Le pain (bis) qu'il a gagné, qu'importe sa couleur.
Allons! malgré votre race,
Hommes de couleur, unissez-vous;
Car le soleil luit pour tous.
Que chaque peuple heureux, prospère,
Au fronton de l'humanité,
Grave ces mots: en toi j'espère,
Tu règneras, Égalité.

MARSEILLAISE NOIR, Camille Naudain, 1867

Já é bem conhecido que a palavra zumbi advém do crioulo haitiano *zonbi*, que é uma declinação do *kikongo*, língua bantú falada no Congo e em Angola, importada para o Caribe por antigos escravos africanos. Longe das abordagens de estudos etnográficos ou folclóricos, a genealogia haitiana da figura cultural de massa do zumbi pode ser útil para explorar o papel econômico desempenhado pelo antigo sistema escravagista latino-americano no nascimento do capitalismo e da modernidade como parte do processo concebido por Marx enquanto "acumulação original", assim como um *sintoma* dos mitos modernos da origem. A figura atual dos zumbis pode ser, portanto, discutida em relação a uma experiência abismal de terror absoluto relacionada ao declínio do moderno *teatro da consciência* (PÊCHEUX, 1982) sob a conjuntura neoliberal.

A experiência histórica da Revolução dos Escravos Haitianos de 1791 foi considerada "mais francesa do que a Revolução Francesa" não apenas porque buscou uma universalidade mais ampla de valores, como a liberdade ou a igualdade, mas também porque procurou a universalidade mais paradoxal, a saber, a da Cidadania Negra, e ainda mais, um *Jacobinismo Negro* (JAMES, 1989)[1]. Enquanto conseguiu ser visto, seja como um "capítulo" ou também enquanto um *excesso* de jacobinismo, pôde-se *objetivamente* expor os *limites* históricos do universalismo da Revolução Francesa (GRÜNER, 2010, p. 320).

Vou seguir a ideia do "tempo não-contemporâneo" dessa contraditória montagem — o excesso da "mais francesa que francesa" Revolução Haitiana, com o objetivo de abordar a atual função ideológica que os zumbis parecem alcançar. A esse respeito, o conceito althusseriano de *temporalidade sobredeterminada*, que em nossa época continua sendo um dos tópicos mais interessantes de todo o seu legado, pode

[1]A Constituição Imperial do Haiti, de 1805, afirma, em seu Artigo 14, que "toda distinção de cor desaparecerá [...] os haitianos serão conhecidos pela denominação genérica de *negros*".

ser retomado para desenvolver o tipo de conexão que traz de volta a experiência da primeira revolução escrava no sistema -mundial capitalista com toda a sua singular complexidade de contradições e paradoxos (entre os traços arcaicos, quase míticos, e condições bastante modernas que incluem alguns temas ideológico-burgueses).

Nesse sentido, devemos levar em conta não apenas a *aporia* (moderna/não moderna) de uma apropriação violenta da capacidade produtiva da força de trabalho pelo sistema de escravidão (embora deveras racionalmente organizado) nas plantações caribenhas (uma ideia que atende claramente ao conceito da acumulação original representada por Marx em seu capítulo XXIV de *O capital*)[2], mas também, o papel decisivo que a religião crioula desempenhou no processo desse tipo de organização revolucionária *moderna*[3].

> [Isso] poderia ser considerado um sinal de alguma tendência restaurativa ou tradicional. Mas o fato é que *essa* religião — resultado do sincretismo e de uma transculturação muito complexa — é, em seu próprio modo, um fenômeno

[2]Como apontou Mintz, o sistema de plantação caribenho era uma forma capitalista de desenvolvimento econômico. Embora esse fato fosse parcialmente coberto pela sua dependência da escravidão e da produção agrícola, era altamente organizado de maneira industrial (cf. MINTZ, 1971).

[3]E como James (1989, p. 86) descreve: "O vodu era o meio da conspiração. Apesar de todas as proibições, os escravos viajavam quilômetros para cantar, dançar, praticar os ritos e conversar; e agora, desde a revolução, para ouvir as notícias políticas e fazer seus planos. Boukman, um Papaloi ou sumo sacerdote, um negro gigante, era o líder. Ele era chefe de uma plantação e seguiu a situação política tanto entre os brancos quanto entre os mulatos. No final de julho de 1791, os negros em torno de Le Cap estavam prontos e esperando."

> "moderno", se aceitarmos incluir (como estamos convencidos que deveria ser) nessa "modernidade" não apenas a versão *oficial* ou hegemônica, representada pela Europa, mas também aquela *outra* "modernidade" muito mais intricada e contraditória, composta pelos efeitos (socioeconômicos, culturais e até mesmo filosóficos) *desiguais* e *combinados* da expansão do sistema mundial para os limites extraeuropeus (expansão que, apontamos, é em si a própria condição do advento desse sistema mundial enquanto tal) (GRÜNER, 2010, p. 319).

Consequentemente, e em relação ao que foi apontado por Louis Althusser (2014) com a noção de *mythe de l'Etat de Nature* [*mito do Estado de Natureza*], os zumbis atuais podem ser considerados um hieróglifo ideológico que incorpora algum tipo de retorno, deslocamento daquilo que o mito moderno da origem deveria obliterar: a desigualdade necessária que está na base do conceito moderno de igualdade. A afirmação dessa ideia me permitirá discutir o valor ideológico desse peculiar morto-vivo *não-falante*, em nossa singular conjuntura neoliberal, nos termos de uma fantasia social que ocorre para lidar com a experiência traumática do terror liminar que surge com a tendência de des-democratização que emerge com a neoliberalização do capitalismo.

Complexidade temporal e o mito de origem

O sociólogo argentino Eduardo Grüner faz uma interessante caracterização da Revolução Haitiana enquanto uma *meta-revolução*, na medida em que *objetivamente* questiona as pretensões universais das chamadas revoluções modernas, "[...] começando com aquela que a deveria tê-la 'inspirado' e se colocou [...] como paradigma das revoluções modernas: a (assim chamada) Revolução Francesa". Ele argumenta que:

> Uma meta-revolução que tem desafiado *anacronicamente* — em sua própria desigual e combinada temporalidade — a questão étnica juntamente com a questão de classe, e até mesmo a questão de gênero [...] podemos chamá-la de uma *meta-moderna* (meta)revolução, se por "moderno" entendemos o que geralmente compreende (*tentando construir a compreensão geral*) o pensamento dominante. Mais precisamente: nós consideramos que a Revolução Haitiana foi aquela que mostrou outra modernidade — uma modernidade [...] *dividida contra si mesma.* (GRÜNER, 2010, p. 269)

O problema posto aqui é, sem dúvida, aquele do *mito de origem*. Como já apontado por Althusser na recém-publicada *Initiation à la philosophie pour les non-philosophes* [*Iniciação à Filosofia para os não-filósofos*], esse tópico conduz ao compromisso teológico do mito moderno do "Estado da Natureza", por meio do qual se construiu a ilusão de imediação que une a suposição de transparência linguística — que apoia a tradição epistemológica empirista-idealista — e a imagem de superabundância que torna o trabalho dispensável (ou *insignificante*). Consequentemente, o Éden torna-se o nome de um duplo imediatismo imaginário: aquele do ser humano sem a necessidade tanto de trabalhar para sobreviver quanto da aquisição de conhecimento (ALTHUSSER, 2014, p. 150).

Nessas condições, a imagem que se faz de um Deus que conduz os seres humanos em direção ao seu próprio bem combina com a ideia de humanos seguindo seu raciocínio correto e o movimento da própria natureza. Todo tipo de abstração social, como o Direito ou a Política, está absolutamente ausente tanto do Paraíso quanto do Estado da Natureza. Althusser lê o principal paradoxo da narrativa do pecado original no fato de que esse Deus todo-poderoso está sujeito a um tipo de lei absoluta: a proibição de comer o fruto da árvore do conhecimento do bem e do mal no meio do Jardim do Éden. É nesse momento que a própria onipotência de Deus, que criou todas as coisas, está *sujeita* à onipotência de algumas abstrações. *O próprio Deus não pode abstrair a lei universal da abstração.*

Esse "imediatismo original" está sempre *dividido* pelo fato de se tratar do resultado de uma proibição. A plenitude original deve, consequentemente, ser considerada prontamente como de uma ordem secundária, e esse fato nega a própria ideia de uma *Prima Philosophia*[4]. Além do mais, não importa

[4]"Uma vez que eles tenham se 'agarrado' ou se 'colidido-intertravando', os átomos entram no reino do Ser que eles inauguram: eles constituem seres, seres atribuíveis, distintos, localizáveis, dotados de tal e tal propriedade (dependendo do seu tempo e lugar); em resumo, surge neles uma estrutura do Ser ou de mundo que atribui a cada um dos seus elementos o seu lugar, significado e papel, ou melhor, os estabelece como 'elementos' (os átomos como elementos dos corpos, dos seres, do mundo) de tal maneira que os átomos, longe de serem a origem do mundo, são apenas a consequência secundária de sua designação e advento [*assignement et avenement*]. Se quisermos falar sobre o mundo e seus átomos dessa maneira, é necessário que o mundo exista e, antes disso, que os átomos existam, uma situação que coloca o discurso no mundo

se essa pureza original é reconhecida no Livro da Natureza ou nas Sagradas Escrituras. Também não importa se é amargamente cinza ou ricamente verde. Ela sempre faz alusão ao processo de simplificação imaginária da *terceiridade da produção* material-prática implicada na própria existência da linguagem[5]. No caso da Modernidade, essa depuração ideológica (que produz simplicidade) deveria ser re-inscrita na objetividade singular realizada por Marx em sua teoria do valor, sugestivamente chamada por Jean-Claude Milner (2003, p. 225) como uma *thesei*-necessidades: extraída da

para sempre em segundo plano, e também coloca em segundo lugar (não em primeiro, como afirmou Aristóteles) a filosofia do Ser – tornando assim para sempre inteligível, enquanto impossível (e, portanto, explicável: basta ver o apêndice do Livro I da Ética, que repete quase literalmente a crítica de toda religião encontrada em Epicuro e Lucrécio) qualquer discurso da primeira filosofia, mesmo que seja materialista [...]." (ALTHUSSER, 2006, p. 192)

[5]"Observando a oposição entre a classe que detém os meios de produção e a classe que é privada deles – em outras palavras, as classes exploradoras e as exploradas –, podemos nos ver tentados a dizer que essa relação de produção é uma 'relação humana, uma vez que envolve *apenas seres humanos*, distinguidos pelo fato de alguns serem ricos e outros, pobres. Isso seria, de certo modo, uma relação *paralela*: os ricos exploram os pobres. Dizer isso, no entanto, seria negligenciar o fato crucial de que a riqueza e a pobreza são determinadas por um *terceiro termo*, os meios de produção [...] Isso traz à tona a estrutura específica da abstração da relação de produção: não se trata de relação de dois-termos, mas de uma relação de três-termos, na qual a relação entre classes é determinada pela distribuição dos meios de produção entre as classes. Com isso, vislumbramos a possibilidade de uma forma de abstração que é totalmente desconcertante para a filosofia idealista, seja empirista ou formalista. Pois a abstração empirista ou formalista é sempre concebida sob o modelo de uma abstração em 'dois termos', ou uma abstração sob o termo *x*, em que *os objetos em questão estão todos no mesmo nível* – horizontalmente, digamos. O que vislumbramos aqui é que a distribuição da mesma abstração sobre 'dois-termos' não a exaure, pois ela mesma é o efeito de uma relação com um terceiro termo, materialmente localizado 'por trás' ou 'antes' dos outros, e que governa suas relações sociais." (ALTHUSSER, 2017, pp. 88-89)

crítica política da necessidade econômica, uma nova necessidade nascerá, a ciência das *thesei* necessidades, a necessidade de relações sociais que é imediatamente a ciência de suas transformações.

A concepção teológica (ou filosófica) de mundo envolvida nas duas imagens, a do Paraíso e do Estado da Natureza, incluem — como em um espelho deslocado — o reconhecimento da realidade material das condições de existência, de reprodução (sexual), a produção material-prática e o conhecimento humano. A transformação material pulsa dentro dos mitos idealistas que não estão lá só por um acaso, mas por uma muito profunda necessidade. Etienne Balibar postulou tal noção enquanto uma objetividade de um tipo bastante peculiar: uma *necessidade conflitiva* ou contraditória[6].

Como propõe Balibar (2004, p. 65), contra o racionalismo e o positivismo, Althusser nos permite conceber que a "divisão conceitual" (aquela que se divide em duas) e a divisão de interpretações controversas (da luta das tendências) pertencem intrinsecamente ao caráter apodítico da ciência. Tal como o objeto é sempre intrinsecamente conflituoso, a teoria também é sempre conflitiva, e só avança dividindo-se. Essa ideia althusseriana leva Balibar a concluir uma espécie de singularidade epistemológica, tanto para o marxismo

[6]Como Althusser (2008, p. 6) argumenta em sua teoria da leitura sintomática desenvolvida em *Lire le Capital* [Ler o Capital], Marx e Freud deveriam ser combinados para desenvolver a crítica simultânea da totalidade social fechada e da concepção teleológica de tempo que trabalham juntas na ideologia humanista-historicista.

quanto para a Psicanálise: elas devem ser consideradas "ciências-da-cisão", ou seja, determinadas em sua própria constituição pelo modo em que são postas no conflito, que elas são simultaneamente destinadas a *representar* no conhecimento. Essas ciências não são apenas espectadores de um objeto, mas partes desempenhando um papel em um processo conflitivo.

Althusser (2017, p. 76) mostra que existe uma profunda ligação entre a simplificação (unificação ideológica) do discurso e a realização de um laço social, uma unificação do povo. Essa ideia tem o grande mérito de ligar as referências históricas de Marx acerca da violência da acumulação original capitalista (onde a escravidão caribenha tem um lugar) com a conformação da teoria moderna idealista da totalidade social enquanto uma "totalidade espiritual" inerente à uma concepção homogênea — contemporânea de tempo, desde o *jusnaturalismo* moderno — à teoria do direito natural até Hegel[8].

No caso do mito do Estado da Natureza, não é pura coincidência que ele apareça dentro do processo de unificação da burguesia ascendente, cimentando a própria unidade, enquanto agrupa em torno de si as massas populares. O ponto é que a própria existência dessas massas, com suas condições materiais e práticas materiais efetivas, estão de algum modo inscritas (enquanto invisibilizadas) no discurso, como uma espécie de resistência *avant la lettre*. Nesse núcleo contraditório do discurso filosófico encontra-se a experiência histórica da luta material e toda ideia, toda imagem ou abstração, sendo, portanto, uma terra dividida em si por esse *polemos*.

A partir disso, podemos identificar um processo desconstrutivo trabalhando dentro do *ensurdecedor silêncio* da experiência revolucionária haitiana (ausente até mesmo do trabalho mais interessante acerca da história revolucionária, como é a obra de Hobsbawm). O processo concreto e sobredeterminado, que nenhuma categoria filosófica poderia disciplinar com sucesso, envolve não apenas o movimento dialético que liga a Revolução Francesa a essa revolução afro-americana de escravos (que leva à escandalosa *Republique Noir*), mas também à complexidade das contradições e dos paradoxos temporais que este último condensou[7]. Como Grüner apontou, desde o início do século XVI, a modernidade foi ameaçada pela luta entre a Espanha, a Inglaterra e a França para alcançar o controle de uma terra europeia, onde nenhuma materialidade econômica da colonização fora deslocada pela semiologia do *Imperium*. Embora, desde o século XVI, a etimologia ciceroniana tenha mudado para o conceito de *soberania*, a maioria dos significados clássicos (como da terra de conquista ou da extensão territorial coberta pelos *auctoritas* do Povo, ou a ideia aristotélica de *perfecta*

[7]Saint-Domingue (Haiti) foi tal condensação de contradições que poderia se adequar ao conceito leninista da corrente mais fraca da cadeia (o mais fraco de todo o sistema capitalista mundial em seu momento mais rápido de acumulação) porque era a mais rica e produtiva colônia caribenha, enquanto era a mais comprometida com a junção de forças políticas, religiosas e ideológicas, muito contraditórias (cf. JAMES, 1963; GRÜNER, 2010).

communitas)[8] persistiram até o séc. XVIII, quando uma nova conotação ideológica sobredeterminou os outros: a identificação do *Imperium* com a Civilização como tal. Isso selou a base material do sistema-mundo capitalista com a categoria filosófica do *Imperium Universalis*. "E, portanto, no nosso caso, a escravidão" (GRÜNER, 2010, pp. 342-343).

O que os zumbis defendem hoje?

Para analisar a operação através da qual a atual emergência de zumbis retoma a genealogia haitiana da escravidão afro-americana, muitas condições da inflexão neoliberal do capitalismo poderiam ser levadas em conta. Para enumerá-las de maneira não-metódica, certamente podemos começar com a tese de David Harvey (2005) acerca da neoliberalização do capitalismo como um processo de "acumulação por expropriação" — privatização, financeirização, gestão e manipulação de crises e redistribuições do Estado, no qual a apropriação massiva de conhecimento socialmente produzido é mais ampla e profunda do que nunca.

Essa captura violenta do pensamento coletivo, juntamente com a extrema concentração do *tempo de trabalho* (expressa no desvanecimento significativo da diferença entre o tempo de trabalho e o tempo livre) coincide com o aumento de uma nova moralidade de sucesso permanente (LAVAL e DARDOT,

[8] "Se todas as comunidades visam algum bem, o Estado ou a comunidade política, que é o mais alto de todos, e que abraça todo o restante, visa o bem em maior grau do que qualquer outro, e no bem maior." (ARISTÓTELES, *Política*, Parte I, Ch. I)

2009) que produz massas de seres humanos descartáveis, os "*loosers*" (BALIBAR, 2013, p. 194), enquanto a economia global precisa da combinação simultânea de uma subjetividade *empreendedora* (adequada tanto para executivos quanto para trabalhadores da economia informal) e de milhões de pessoas envolvidas em formas de trabalho semi-escravagistas.

O ponto mais delicado e interessante da noção de "acumulação por desapropriação" é que ela inscreve esse mecanismo de expropriação do conhecimento (socialmente produzido) como uma forma *temporal (não) contemporânea* de acumulação "original", que empurra o mito da modernidade para o limite de sua experiência[9]. O declínio dos aparatos da sociedade disciplinar concorda com o desvanecimento do próprio princípio da representação, também em um sentido filosófico e político. Podemos entender isso como uma tendência que reúne a reformulação das formas disciplinares de *interpelação* (o "pequeno teatro teórico de consciência"[10])

[9]A temporalidade "não-contemporânea" significa aqui que a "origem" deve ser lida como uma precariedade coexistente a toda duração "estrutural".

[10]A "vantagem desse 'pequeno teatro teórico' da interpelação, concebida como uma crítica ilustrada ao teatro da consciência, é que esta designa, por meio da discrepância na formulação indivíduo/sujeito, o paradoxo pelo qual *o sujeito é chamado à existência* [...] Isto reduz qualquer tentativa de simplesmente *inverter* a metáfora que liga o sujeito às várias "entidades legais" (*personnes morales*) [...] O paradoxo é precisamente que a interpelação tem, enquanto tal, um *efeito retroativo*, com o resultado de que todo indivíduo seja *desde-sempre um sujeito*; ao examinarmos os diferentes aspectos desse círculo [...] é possível ler o efeito dessa pré-construção enquanto modalidade discursiva da discrepância pela qual o indivíduo é interpelado enquanto um sujeito [...] enquanto este ainda '*desde-sempre*' ser um sujeito, enfatizando que essa discrepância [...] opera por contradição"(PÊCHEUX, 1982, pp. 107-108)

e o dispositivo moderno de manipulação política da violência social — ambos profundamente ligados ao tecido ideológico contraditório da sociabilidade moderna, estreitada entre o *pacto hobbesiano de obediência à soberania* e a noção de Rousseau de um contrato social fundado pela piedade. Como apontou Susana Murillo, as tendências neoliberais parecem aumentar a primazia do extremo hobbesiano dessa dialética, onde:

> [...] o pacto de sujeição que leva ao trânsito da multidão ao Povo supõe a subordinação a um Soberano que se coloca simultaneamente sobre a lei enquanto a institui [...] essa modalidade de pacto tem a *segurança* como causa derradeira. (MURILLO, 2008, p. 48)

Como observa Epstein, Derrida argumentou que a relação entre soberania e segurança compromete a experiência mais singular do sujeito:

> O soberano de Hobbes é o Terror Absoluto, que é a amalgamação do medo da vulnerabilidade de todos os homens no Estado da Natureza. Por outro lado, no que diz respeito à estrangeiridade, o soberano é a amalgamação do medo existencial de todos os homens de que estes são meras bestas estranhas a si mesmas, homens ostensivamente auto-idênticos. *O medo existencial é de que a auto-identidade esteja sempre já perdida.* O Soberano Absoluto, por si, em sua aproximação ao divino [...] é um Monstro artificial, um Leviatã, convocado e forjado por homens para guiá-los em direção

> ao seu destino teleológico de auto-identidade e *ipseidade*, protegendo-os contra a estranheza monstruosa da diferença ineliminável e da heterogeneidade que deforma a humanidade enquanto tal. (EPSTEIN, 2016:102)

Podemos agora considerar se a "morte de Deus" anunciada por Nietzsche está prestes a ser traduzida, em termos neoliberais, enquanto a morte do *Leviatã*; e, com esta, a própria categoria de soberania que deu consistência tanto ao Estado moderno quanto ao sujeito moderno. Mas essa ideia que irá me ajudar a analisar o procedimento ideológico que os zumbis encarnam não deve ser entendida como um *réquiem* da própria política. Alguns autores, como Etienne Balibar (2013), sugeriram que não é o *fim* da política (o que implicaria diretamente em um tipo de aceitação do fim da própria História), mas um processo de des-democratização que está envolvido em tendências neoliberais reais. Isso significa que o que é chamado neoliberalismo não é a própria dissolução das estruturas tradicionais de dominação e resistência, mas a invenção de outra — provavelmente, não tão nova — solução histórica para o problema da adaptação dos sujeitos ao Capital. Uma crise histórica da Cidadania Social — que é tanto o resultado de uma vingança histórica da classe capitalista após o Estado de Bem-Estar Social e do desenvolvimento das contradições internas da Cidadania Social — coincide com as tendências do enfraquecimento dos direitos universalizáveis, aqueles que envolveram uma produtividade dialética de uma "igual-liberdade" — *egaliberté* (BALIBAR, 2013).

A esse respeito, é necessário distinguir cuidadosamente entre a experiência imaginária da declinação da Ordem e o processo histórico em que essa experiência ideológica é sobredeterminada. Em termos políticos, este processo não deve ser lido enquanto um declínio real do pacto hobbesiano (historicamente ligado à experiência do Estado Absoluto), mas como uma retroversão do pacto tipo rousseauniano — o pacto sindical que se opõe à sociabilidade hobbesiana baseada no "desejo de causar dano" (ALTHUSSER, 2013, p. 134) — que, paradoxalmente, promoveu o aumento de uma fantasia social que é expressa como uma espécie de "desejo por um Leviatã".

Os impulsos conservadores bastante perigosos que surgem na sociabilidade atual podem ser interpretados no sentido de um medo violento da desagregação social subjetiva, ligada ao desvanecimento dos universais ideológicos da sociedade disciplinar; ou o que resulta no mesmo, da experiência das contradições da Cidadania Social, em tempos de um regime de acumulação em que o próprio conceito de soberania sofre transformações violentas, conectadas a uma reorganização geopolítica e econômica aceleradas. Essa experiência aterrorizante é o resultado do enfraquecimento das instituições, imagens e práticas da democracia liberal; e mesmo assim, manifesta-se enquanto sentimentos e ideias extremamente antidemocráticas (quase não liberais).

A violência neoliberal pode ser considerada, consequentemente, nos termos de um novo tipo de manifestação do Estado de exceção que financia o Estado Moderno, assim como um desvanecimento do discurso ideológico dos valores universais que forneceram a reprodução material da ditadura de classe burguesa. O Contrato Social de Rousseau, o imperativo categórico kantiano e o conceito de relação matemática entre crime e pena de Beccaria haviam constituído a base teórica para a ordem simbólica ficcional que organizaram as relações sociais durante o capitalismo industrial (MURILLO, 2008, p. 52). Enquanto isso, a violência conservadora atual — expressa em muitas ideias racistas, neofascistas, de violência doméstica etc. — pode ser entendida como uma experiência social aterrorizada de um retorno do terror absoluto que pulsava por todas as lacunas da rede que se esfacela dos valores universais da modernidade, categorias e imagens (seja aquela da acumulação original, do poder absoluto, ou aquelas de imagens anárquicas ligadas ao mito do "egoísmo natural").

Esse terror coincide com uma espécie de pobreza literal de representação — ligada a uma incapacidade política de representar o conflito social, que, como disse Balibar (2013), alude à própria crise oriunda do princípio da representação. Porque não é a mera eliminação do conflito, na forma de um Poder Total do Capital, que se realiza no neoliberalismo, mas sua condução a certas zonas delimitadas da vida social (uma vida subjetiva) que podem ser "sacrificadas" na medida em que não são diretamente exploráveis. O conflito é, nesse movimento, corrigido em zonas sacrificiais para seres humanos descartáveis, enquanto é, ao mesmo tempo, *particularizado* e desprovido de sua força *constituinte*.

A cena zumbi enquanto uma fantasia social neoliberal: a falta de voz

Se aceitarmos que a figura dos zumbis sintomatiza essa experiência de declinação das formas de soberania vinculadas à Cidadania Social (tanto de maneira política quanto subjetiva), devemos desconfiar da primeira impressão, que poderia nos levar a interpretar as cenas da luta nas quais muitas das histórias de zumbis são organizadas (os mortos *versus* os vivos, os não-conscientes *versus* os conscientes, as massas *versus* os indivíduos etc.) enquanto uma representação cultural da luta de classes[11]. Resumidamente, proponho que, longe disso, a cena de uma batalha por sobrevivência deveria ser lida enquanto a fantasia social na qual *acordamos* da experiência traumática do terror total. Aqui, o anseio por uma simples batalha dialética até a morte funciona como uma performance imaginária da violência liminar que aumenta o desejo social por um Leviatã Total (especularmente relacionado à repulsa paranoica a qualquer forma de alteridade implicada nas imagens modernas da sociabilidade).

A *falta de uma voz* dos mortos-vivos não indicaria, nesse caso, a condição *não representável* do medo (no sentido estrutural de uma experiência traumática abstrata), mas a alusão à experiência social histórica (conjectural) de muitas fronteiras

[11]Não possuímos espaço suficiente aqui, mas pode-se argumentar que tal interpretação está ligada ao compromisso humanista da crítica clássica da *alienação*, como Althusser (cf. 1997, pp. 169-244) tem constantemente observado.

do próprio dispositivo de representação. Isso significa que não é a figura isolada do zumbi, mas toda a representação teatral na qual ele é colocado, que incorpora o *drama* nostálgico de nossa fantasia social. Em contraste, não é a relação entre os personagens (os "atores") em cena, mas a relação dos "espectadores" com a cena em que uma luta-até-a-morte é performada (os mortos *versus* os vivos, os conscientes *versus* os não-conscientes; as massas *versus* os indivíduos) o que tem de ser o objeto de interrogação concreta da crítica.

Althusser, enquanto leitor de Brecht, mostrou que não é a cena de "dentro" (a representação teatral da vida, com seus atores e roteiro, que atualiza o esquema concêntrico da consciência moderna) algo que poderia dar espaço para uma crítica ideológica. Pelo contrário, é todo o maquinário do teatro (incluído o público) o campo por uma luta ideológica real. Porque:

> O encenar deveria ser entendido neste duplo sentido [...] Primeiro, no sentido tradicional da encenação teatral (o teatro está encenando: os atores encenam, o teatro é uma representação fictícia da realidade). O encenar não é a vida, não é a realidade [...] é representado, portanto, não está presente. Mas "encenar" deve ser entendido no segundo sentido: o teatro permite essa "encenação" (no sentido em que há uma ação-em-cena [*play*] em uma porta, numa dobradiça, como um mecanismo). Isso significa que ele pertence à natureza do teatro, para conter algum "quarto". (ALTHUSSER, 2002, p. 138)

Marx e Brecht entenderam, cada um à sua maneira, que a característica distintiva da Filosofia e do teatro era essa de entrar em um relacionamento mistificado com a política. A Filosofia e o teatro são profundamente determinados pela política e, no entanto, fazem tudo para apagar essa determinação, para negá-la, para fazer parecer que escaparam da política. No coração da Filosofia e no coração do teatro é sempre a política que fala. Mas quando a Filosofia e o teatro falam, acabam abafando a voz da política. A Filosofia e o teatro falam para cobrir a voz da política; e eles conseguiram muito bem fazê-lo. Pode-se dizer que, na maioria dos casos, a função da Filosofia e do teatro consiste em sufocar a voz da política (ALTHUSSER, 2002, p. 140).

Nesse sentido, sugiro que o desempenho ideológico dos zumbis de hoje em dia seja assumido nos termos de uma fantasia que nos deixa esquecer que a nossa existência é colocada em uma conjuntura (um teatro sem autor)[12] na

[12]Tomo emprestada essa bela expressão de Warren Montag: "Quando entramos no pequeno teatro de filosofia de Althusser ("*notre petit théâtre théorique*"), uma contradição ou, mais precisamente, uma contradição se abre para uma série de contradições inseparáveis da dramaturgia de Althusser; sua encenação acerca do fato de que a Filosofia é, por sua natureza, obrigada a performar (isto é, encenar ou atuar [*acting-out*]) suas teses no campo da visibilidade, ou seja, no teatro, próprio deste. Sua dramaturgia pode ser resumida como o trabalho de encenar a encenação da Filosofia de si mesma, como uma peça de teatro sobre a maneira como as peças de teatro são feitas, uma peça de teatro dentro de uma peça de teatro, um meta-comentário ou um meta-teatro que, no entanto, não pode sair daquilo que dramatiza ou daquilo sobre o que comenta. E nada que Althusser tenha escrito mais dramaticamente ilustra a aporia que faz sua obra ser o que é do que a noção do teatro sem autor (*un théâtre sans auteur*) que faz uma breve aparição perto do final de sua introdução

qual as relações produtivas são organizadas (ou, paradoxalmente, estruturalmente desorganizadas) em um regime de acumulação que se alimenta de crises e incertezas enquanto se revoluciona permanentemente, produzindo a decadência de todo e cada princípio de representação político ou semiótico, apoiado pelas modernas categorias universais do *Imperium* e da *soberania*.

Se isso estiver correto, poderíamos considerar que a batalha, quase clássica, entre os mortos e os vivos — e, com isso, toda imagem especular-dialética simplificada do antagonismo político — é o tecido da fantasia na qual *acordamos* apenas para parar de sonhar que somos os zumbis que nós já somos. Imagens de guerra entre partes da sociedade (que também são batalhas entre o espaço interno e externo na cena teatral) podem não ser mais as representações da luta de classes, mas sua denegação imaginária.

Ao invés de encenação ideológica da luta política, os contos de zumbis devem ser entendidos em conexão com o desempenho da violenta pulsão de morte que atravessa a experiência social do terror total e a desesperada e inexprimível vontade por um Poder Absoluto. Podemos também estar cientes contra as imagens simplificadas de lutas

ao *Reading Capital* [Para ler o Capital]. O título de Balibar (palestra proferida para o *50º aniversário do Reading Capital: uma Conferência internacional*, Buenos Aires, 2015), "Dramaturgia de Althusser", declara que tanto a dramaturgia em ação em seus textos quanto a teoria da dramaturgia exibida neles são de Althusser. Ao fazê-lo, ele nos lembra que não pode haver um conceito de teatro sem autor, ou talvez até mesmo uma ausência de autoria do autor em si sem o autor, mais precisamente, sem a atribuição de autoria.

bastante polarizadas que representam políticas atualizadas do antagonismo de classe. Eles podem ser o "sonho" no qual não somos sempre os zumbis que sonham ainda estarem vivos no auto-*Imperium* e entre os vivos. Devemos estar cientes das fantasias em que acordamos para evitar enfrentar o nosso próprio desejo pelo Leviatã.

Referências

ALTHUSSER, L. "Sobre Marx e Brecht" (apêndice) in *Montag, W.* Londres: Palgrave, 2002.

__________. *Philosophy for Non-Philosophers* [*Filosofia para não-filósofos*]. Nova York, Londres: Bloomsbury, 2017.

__________. "Philosophy of the Encounter" [*Filosofia do encontro*] in *Later writings — 1978-1987* [Últimos escritos — 1978-1987]. Nova York, Londres: Verso, 2006.

__________. "Sur Feuerbach" ["Em Feuerbach"] in Écrits philosophiques *et politiques* [*Escritos filosóficos e políticos*], Tomo 2. Paris: Stock-IMEC, 1997.

__________. *Cursos sobre Rousseau*. Buenos Aires: Nueva Visión, 2013.

__________ *et al. Lire le Capital* [*Para ler O capital*]. Paris: PUF, 2008.

BALIBAR, Etienne. *Ciudadanía* [Cidadania]. Buenos Aires: Adriana Hidalgo, 2013.

__________. *Escritos por Althusser*. Buenos Aires: Nueva Visión, 2014.

EPSTEIN, Jeffrey H. *Democracy and Its Others* [Democracia e seus outros]. Nova York, Londres: Bloomsbury, 2016.

GRÜNER, Eduardo. *La oscuridad y las luces* — Capitalismo, cultura y revolución [*A obscuridade e as luzes — Capitalismo, cultura e revolução*]. Buenos Aires: Edhasa, 2010.

HARVEY, David. *A Brief History of Neoliberalism* [*Uma breve história do neoliberalismo*]. Cambridge: Oxford University Press, 2005.

JAMES, C.R.L. *The Black Jacobins* — Toussaint L'Ouverture and the Santo Domingo Revolution [*Os jacobinos negros — Toussaint L'Ouverture e a revolução de Santo Domingo*]. Nova York: Vintage Books-Random House, 1989.

LAVAL, Christian; DARDOT, Pierre. *La nouvelle raison du monde* — Essai sur la société néolibérale [*A nova razão do mundo — Ensaio sobre a sociedade neoliberal*]. Paris: La Découverte, 2009.

MINTZ, Sidney. "The Caribbean as a Socio-Cultural Area" [*O Caribe como área sócio-cultural*] in HOROWITZ, Michael (ed.). *Peoples and Cultures of the Caribbean* [Povos e culturas do Caribe]. Garden City: Natural History Press, 1971.

MURILLO, Susana. *Colonizar el dolor — La interpelación ideológica del Banco Mundial en América Latina* [*Colonizar a dor — A interpelação ideológica do Banco Mundial na América Latina*]. Buenos Aires: CLACSO, 2008.

PÊCHEUX, Michel. *Language, Semantics and Ideology* — Stating the Obvious [*Linguagem, semântica e ideologia — Declarando o óbvio*]. Londres: Macmillan, 1982.

Sobre a autora

Natalia Romé é professora titular da Universidade de Buenos Aires; Pesquisadora do Instituto de Pesquisa Gino Germani (UBA) e membro da Rede Latino-Americana de Estudos Althusserianos (ReLEA). Seus tópicos de pesquisa são focados em ideologia, materialismo, teoria política e discurso. Seu último livro é A posição materialista. O pensamento de Louis Althusser entre prática teórica e prática política (EDULP, 2015).

6. Alceste: a esposa que voltou dos mortos

Gregor Moder

Os mortos-vivos nos fascinam porque estamos acostumados a pensar na morte como uma força de individuação e diferenciação. Aprendemos, com a filosofia grega antiga, especialmente a partir dos Eleatas, que a multidão é perecível, e apenas o Um permanece para além da transformação e da destruição. A multidão é dispersa, diversa e acidental, somente o Um é constante e necessário. O múltiplo é falso, não é confiável, não é claro, permanece no nível da pluralidade de opiniões, e somente o Uno é verdadeiro. Na perspectiva radical do que podemos chamar parmenidiana — ou também, seguindo Jacobi e Hegel, espinosista —, *toda determinação é negação*; a passagem do ser puro para o ser determinado é inevitavelmente, também, a passagem do indestrutível e do eterno ao perecível e final. A individuação é a morte e a morte é a individuação.

No regime dos *epos* gregos, e especialmente na tragédia grega, essa ligação entre individualidade e morte é validada, mas a perspectiva é significativamente alterada. O destino do herói trágico é, inevitavelmente e invariavelmente, morrer — especialmente se são mulheres. Para os homens, a exclusão social ou a mutilação física é, por vezes, o suficiente. No entanto, a morte de um herói trágico não é apenas uma consequência lógica de sua individualidade. Não é simplesmente uma questão do perecimento das folhas[1]. Na tragédia, a morte torna-se a capacidade positiva do herói; na verdade, torna-se sua capacidade paradigmática. Em outras palavras: no *epos* e nas tragédias, a própria morte do herói é a sua derradeira ação, é o seu monumental trabalho de vida.

A *Ilíada* de Homero está completamente imersa no conceito de "bela morte": a morte no campo de batalhas, através da qual um guerreiro ganha seu nome, sua individualidade, mas também a glória eterna. Se a lógica parmenidiana do Uno enxerga a destruição, simplesmente, enquanto externa ao ser, e situa a glória da verdade exclusivamente em um ser puro e indeterminado, então a reivindicação de *epos* e da tragédia é a de que o indivíduo, de alguma forma, seja redimido

[1]Refiro-me à famosa passagem na *Ilíada* que poderíamos usar como pano de fundo para a mudança na ideia de morte. No livro 6, Glaukos, um troiano, encontra Diomedes, um grego, e ao ser perguntado sobre sua ancestralidade, Glaukos responde comparando gerações de homens a gerações de folhas que crescem em árvores, apontando que "uma geração vive, enquanto outra morre" (HOMERO 2015, 6:149). Glaukos, no entanto, continua a explicar sua linhagem, e Diomedes reconhece-o como um amigável hóspede, em homenagem à amizade e hospedagem de seus avós. A metáfora das folhas representa o conceito parmenidiano de morte como o perecimento do indivíduo, e deve ser estritamente separada do conceito de "bela morte", uma morte heroica, a morte enquanto ação própria do indivíduo.

em sua morte, que há finalmente uma necessidade que pertence especificamente à ordem do finito, a sua derradeira destruição, e que é precisamente aqui que o finito é em sua verdade. A glória da existência determinada reside em sua morte. Nesse sentido preciso, considerando a importância da mudança da perspectiva, a tragédia grega é profundamente antiparmenidiana e pode ser vista como precursora da metafísica cristã: a morte não é apenas estar perecendo, pelo contrário, é precisamente isso que nos devolve ao nosso verdadeiro ser. Na morte, o herói constrói para si um monumento, uma obra do espírito e da vontade.

No pensamento contemporâneo, a ideia da morte enquanto uma força de individuação e diferença foi revisitada de maneira mais notável por Heidegger, especialmente em *Ser e tempo*, em que ele parece argumentar que é somente em confronto com nossa mortalidade que somos autenticamente nós mesmos, e que a morte como a possibilidade da impossibilidade de nossa própria existência é a nossa mais própria possibilidade. Se ele gostaria de receber esse título ou não, Heidegger tornou-se o campeão da metafísica cristã dos nossos tempos. Ele escreve muito claramente:

> *Ninguém pode tirar do outro o seu morrer*. Alguém pode ir "até a morte pelo outro". No entanto, isso sempre significa sacrificar-se pelo outro *"em uma matéria definida"*. Tal morrer por [...] nunca pode, entretanto, significar que o outro tenha tido a sua morte, no mínimo, levada embora. Cada *Da-sein* deve, na verdade, tomar o morrer sobre si mesmo. Na medida em que se "é", a morte é sempre essencialmente minha. E, de

> fato, significa uma possibilidade peculiar de ser em que é absolutamente uma questão do ser do meu próprio *Da-sein*. No morrer, torna-se evidente que a morte é ontologicamente constituída pela "minha-qualidade-de-apropriação" [*mineness*] e existência. (HEIDEGGER, 1996, p. 240)

A ideia é que a morte é inalienavelmente minha, e que qualquer autenticidade que eu possa conclamar a mim vem da minha finalidade. Somente em nossa morte somos insubstituíveis. A mudança da perspectiva parmenidiana do Uno é claramente observável aqui. A questão não é que toda a individualidade é meramente final e perecível, mas que somos eminentemente nós mesmos como seres individuais e distintos precisamente em nossa finalidade.

Mesmo hoje, estamos profundamente ligados à compreensão da morte como uma força de individuação e diferença. Nós somos espontaneamente heideggerianos por entendermos a morte como o horizonte supremo da totalidade da existência humana: eles podem tomar nossa propriedade, nossa subsistência, nossa vida, mas eles jamais poderão tirar de nós a nossa morte.

Não é exatamente por isso que estamos tão fascinados por ideias que parecem desafiar essa perspectiva? Por que tememos os mortos-vivos, como famosamente retratado no clássico filme de terror de Romero, *A noite dos mortos-vivos* (*Night of the Living Dead*, 1968) ou, mais recentemente, na série de TV *Game of Thrones*? Os não-mortos são a maior ameaça ao ser humano individual: eles não vêm simplesmente para tomar nossa propriedade, não vêm simplesmente para tirar a nossa vida — eles vêm para tomar nossa própria morte! E por que encontramos a noção, mencionada de passagem por Heidegger, de alguém morrendo por nós ou pela comunidade, num sentido mais amplo, por algum bem comum, como algo tão profundamente perturbador e quase violento em sua absolutidade ética? Enquanto nossa própria morte tecnicamente permanece nossa, o sacrifício do outro ainda inflige uma enorme dívida sobre nosso próprio ser. Devemos-lhes a nossa vida em sua totalidade, o que quer dizer que lhes devemos mais do que a nossa vida; parece que lhes devemos a nossa própria morte.

A suposição de individuação e distinção na morte é, pelo menos em parte, também a razão pela qual a fantástica ideia de ressuscitar dos mortos consegue funcionar tão bem na religião; na verdade, é isso que Heidegger, na minha opinião, sugere. A figura de Cristo combina com sucesso três fantasias profundas sobre a morte: (1) a fantasia de morrer pela comunidade num sentido mais amplo (a troca da morte); (2) a fantasia de ressuscitar dos mortos (os não-mortos); e (3) a fantasia da morte como a ação monumental de um indivíduo (a "bela morte"). No contexto deste texto, entretanto, limitaremos nossa investigação ao tratamento de tais mitos na literatura, e especificamente sobre seu funcionamento em uma peça curiosa de Eurípedes, um dos primeiros de seus trabalhos remanescentes, *Alceste*. É uma peça esquisita, por certo, e é um lugar ainda mais estranho este para discutir a noção dos mortos-vivos, mas asseguro ao leitor que vale a pena nossa mais completa atenção.

Em *Alceste*, produzido pela primeira vez em 438 A.C, temos todas as fantasias sobre a morte trabalhando de mãos dadas: a troca da morte, a construção de monumentos para os mortos (à sua imagem) e a ressurreição dos mortos. Mas *Alceste* tem ainda mais do que isso: ela começa a trabalhar algo que Heidegger é incapaz de pensar, e algo que faz dessa peça surpreendentemente contemporânea, nominalmente, as fantasias sexuais (envolvendo monumentos aos que partiram) e a comédia. O último ponto, a comédia, será de interesse especial para nós. Tradicionalmente se é considerado, assim como empiricamente evidente, que a tragédia é o gênero da individualidade, da distinção e da singularidade, enquanto a comédia é o gênero dos duplos, das repetições e das rotinas. Isso é suficiente para a formulação de nossa hipótese inicial: poderia uma análise da comédia nos direcionar para um caminho para além da noção de morte enquanto uma força de individuação?

A esposa ideal

A história gira em torno de Admeto, rei de Feras na Tessália, amplamente conhecido por sua excelente hospitalidade. De fato, suas habilidades lendárias na antiga instituição de amizade entre os hóspedes lhe garantem um favor do deus Apolo: Admeto não precisa morrer jamais, contanto que encontre alguém disposto a morrer em seu lugar. Mas ninguém morreria por ele, nem mesmo sua mãe e seu pai. Ninguém, exceto sua bela e jovem esposa Alceste. Esse é o ponto em que começa a peça de Eurípedes. Alceste explica que ela morre de bom grado não apenas para salvar seu marido Admeto, mas também para garantir o futuro de seus filhos, cujo destino seria incerto caso seu pai morresse, dado o sistema patriarcal em que vivem. Ela exige, no entanto, que Admeto jamais se case novamente, e este realmente promete não o fazer.

Todos — os servos, o Coro, Admeto e a própria Alceste — concordam que Alceste é a melhor esposa possível, uma esposa ideal. Mas assim que Alceste está morta, um velho hóspede, Héracles, faz uma visita e Admeto insiste que ele fique no palácio, e até o engana, fazendo-o pensar que não foi que não foi Alceste quem morreu, mas alguma mulher de fora do seu lar. Ao aprender a verdade, Héracles decide retribuir o favor resgatando Alceste das garras da morte. Ao retornar ao palácio com uma Alceste com o rosto vendado e silenciosa, Héracles engana Admeto, fazendo-lhe acreditar que a mulher que ele está trazendo não é realmente Alceste, mas uma mulher bela qualquer. Cheio de horror, mas ainda incapaz de recusar seu honrado convidado e semideus Héracles, Admeto aceita essa estranha familiar em seus aposentos, quebrando a promessa feita à sua esposa quando esta estava morrendo, mas neste momento a mulher é revelada: é Alceste. A peça termina com uma festa gloriosa e todos eles vivem felizes para sempre.

Ou será que viveram? Alguns aspectos da trama são surpreendentemente contemporâneos, tanto que lembramos o gênero da comédia do recasamento, um termo que Stanley Cavell usou para descrever um grupo de filmes de Hollywood dos anos 1930 e 1940 em que a direção do enredo é "não juntar o par central, mas *juntá-los novamente*, juntos *de novo*"

(CAVELL, 1980, p. 2). Nessas comédias, a ameaça do divórcio permeia o próprio conceito de casamento. Em *Mulher de verdade* (*The Palm Beach Story*), de Preston Sturges (1942), em que os recasamentos se multiplicam "além da necessidade ou da credibilidade" (CAVEL, 1980, p. 225), a sequência introdutória e conclusiva do filme mostra um casal (ou vários casais) superando muitas dificuldades, antes de finalmente terminarem juntos, unidos em sagrado matrimônio. Ambas as sequências retratam um final feliz, e vemos um título aparecer: "E eles viveram felizes para sempre...", apenas para ser substituído por outro título, um momento depois, dizendo: "Ou será que viveram?"

Em *Alceste*, a ameaça que paira sobre o casamento e a família é a ameaça de morte, mas na separação que esta implica e no novo casamento com outro parceiro que estão no centro da trama. Em primeiro lugar, a ideia de Admeto se casar novamente após a sua morte é o que leva Alceste às lágrimas. Sua serva relata que Alceste se jogou no leito conjugal e chorou. "Estou morrendo. Outra pessoa, outra mulher (cuja sábia restrição não poderia superar a minha, mas que talvez seja mais afortunada) terá você" (pp. 182-185). Em segundo lugar, ela está bem ciente do infinito ético, até mesmo da monstruosidade ética de seu sacrifício, e pede em troca apenas que Admeto não se case novamente: "Você deve se lembrar do que eu fiz,/retribuir o favor. Não é possível/ me retribuir com o que eu mereço (pois nada/vale mais do que uma vida), mas o que eu *vou* pedir/é justo, como você irá concordar./.../Não se case novamente" (pp. 317-324).

Em terceiro lugar, o Coro dos homens da Tessália está certo de que Admeto irá cumprir (a promessa), “a menos que sua mente dê errado” (p. 348), e acrescenta: “Se seu marido tomar uma nova esposa/eu sei que o detestaria e seus filhos também” (pp. 493-495). E o mais importante: Admeto promete a ela, pouco antes de ela morrer: “Que assim seja, não tenha medo. Pois você era minha/na vida, e quando você está morta, nenhuma outra mulher/da Tessália jamais me chamará de marido” (pp. 349-351).

No fim, quando Héracles retorna com Alceste velada, ele a descreve apenas como um prêmio-bônus de uma competição aleatória: “Eu me deparei com um concurso... e eu ganhei. Esta mulher/foi o meu prémio pela vitória. Os eventos mais leves/premiam cavalos aos vencedores. Boxe/e luta livre, as maiores competições, premia com gados e uma mulher também” (pp. 1080-1085). Héracles pede que Admeto a leve, e até mesmo sugere explicitamente um novo casamento: “Uma mulher — um novo casamento — ajudará a curar você” (p. 1149). Admeto tenta lutar, mas Héracles é persistente. Finalmente, Admeto desiste e pede aos servos que a levem para casa, mas Héracles exige que Admeto segure a mão dela e ele mesmo a leve consigo.

O gesto de levar a noiva pela mão e levá-la para sua nova casa é claramente uma reminiscência das cerimônias de casamento gregos. Essa imagem está especialmente fresca na mente do leitor porque é aquela em que o próprio Admeto relembra ao retornar do funeral e, contemplando as portas da casa, sem se atrever a entrar: “Minha casa, meu próprio abrigo! Mas como posso entrar,/como posso morar lá?/.../Eu me lembro/trazendo minha noiva para cá, segurando a sua mão/enquanto tochas de pinheiros de Pelião brilhavam ao nosso redor./Uma grande multidão de foliões cantou o hino de casamento" (pp. 959-964). O desvelamento que ocorre no momento em que Admeto toca sua "nova noiva" é também uma forte reminiscência dos rituais de casamento, embora esse final dramático fosse geralmente consumado apenas no leito conjugal. Em resumo, não deveria haver dúvidas de que Eurípedes deliberadamente usa a morte como uma metonímia para a separação e a separação como uma metáfora para a morte.

A peça está cheia de ironia, mas há especialmente dois pontos na trama que continuam desconcertando os leitores. O primeiro ponto diz respeito ao final feliz da peça. Na superfície, Héracles premia Admeto pelo respeito quase desumano que demonstrou à instituição da amizade aos hóspedes, aceitando um convidado no momento de sua maior tristeza. Isso ecoa os eventos que antecedem a peça de acordo com o mito, ou seja, a grande hospitalidade que Admeto demonstrou a Apolo, pela qual o deus o recompensou com a possibilidade de evitar sua própria morte ao encontrar outro que morresse em seu lugar.

No entanto, a recompensa dada por Héracles é estranha, pois parece que Admeto é recompensado por ações que estão em conflito direto com a promessa que ele fez a Alceste em sua última hora: que ele nunca tomaria outra esposa. Para recuperá-la, ele tem de desistir dela completamente, e até mesmo traí-la. E isso não é apenas sobre a promessa de não se casar novamente; em sua excessiva tristeza, Admeto promete muito mais do que isso. Entre outras coisas — todas extremamente interessantes, e nós retornaremos a elas —, Admeto também promete isto: "Eu colocarei um fim a todas as celebrações, guirlandas, bebidas, folia e música/que antes encheram minha casa" (pp. 365–367). E, de fato, assim que Alceste morre, Admeto ordena um ano inteiro de luto em Feras: "Que não/ haja flauta nem lira/em toda a cidade por doze meses inteiros" (pp. 459-461). Essa promessa também teve de ser quebrada, se Admeto tinha de entreter seu convidado Héracles.

Espelhando a cena final, na qual Héracles praticamente força Admeto a levar a mulher ainda velada para sua casa, vemos Admeto usando toda a sua sagacidade para manter Héracles no palácio. Héracles protesta, apontando o óbvio: "Eu vou encontrar outro anfitrião, outro lar/.../Aos que choram, os convidados só podem ser um incômodo./.../Convidados festejando ao lado dos enlutados é vergonhoso" (pp. 570-574). Admeto insiste e ordena que Héracles seja colocado no quarto de hóspedes desanexado da casa, com portas trancadas, pois "não é certo/para os hóspedes que apreciam um banquete serem perturbados/por gemidos de tristeza" (pp. 581-582). E, com certeza, Héracles realmente traz bebida e folia para a casa.

Os comentadores ofereceram várias explicações para essa óbvia contradição entre a promessa sagrada à esposa moribunda e a instituição igualmente sagrada da amizade aos hóspedes. Alguns leitores (conservadores) minimizam a contradição e argumentam que o retorno de Alceste não deve ser visto como uma recompensa pela hospitalidade demonstrada por Admeto, mas sim como uma tentativa de mostrar pelo menos um traço de caráter positivo do homem, tornando, assim, o final da peça mais plausível (LESKY, 1966, p. 290).

Mas outros negam abertamente que exista até mesmo uma contradição, e veem a acolhida aos convidados como a realização das promessas feitas à esposa agonizante: "[Admeto] tem um novo dever para com Alceste [sua promessa de enlutar e, ainda assim, viver como se sua esposa ainda estivesse viva] que coincide com seu dever contínuo enquanto nobre" (PIPPIN BURNETT, 1965, p. 247). De fato, eles têm de negar que Admeto quebrou a promessa de não se casar novamente; em vez disso, argumentam que ele simplesmente permaneceu nobre e hospitaleiro e, portanto, mereceu sua boa fortuna (p. 247).

No outro lado do espectro, são os leitores (liberais) que entendem qualquer palavra de louvor dirigida a Admeto — o homem que aceitou a morte da esposa pela sua própria — como um claro sinal de ironia ou sarcasmo do dramaturgo. Eles interpretam o final feliz da peça como resultado do fato de que Admeto reconheceu sua culpa por uma vida em troca da vida de sua esposa (ao contrário de Jason), e que ele demonstrou remorso por suas ações (VELLACOTT, 1975, p. 229; ROSENMEYER, 1963, p. 241). Ambos os lados do argumento sobre a imagem moral de Admeto possuem alguma justificativa.

Todos os personagens da peça, maiores ou menores, têm apenas palavras positivas para Admeto e suas virtudes; a única exceção é seu pai, Feres, que é, ao mesmo tempo, claramente o antagonista. Por outro lado, alguém teria de sofrer alguma cegueira terrível para não notar que a peça está completamente repleta de ironias e reviravoltas irônicas. A ironia mais desconcertante de todas é a que passou despercebida para a maioria dos leitores, a saber, a ironia em torno do *status* de Alceste como a "esposa ideal".

Assim, chegamos ao segundo ponto que devemos mencionar antes de tentarmos discutir o significado da morte, segundo Eurípedes. Embora o julgamento das qualidades morais de Admeto seja altamente divergente, parece não haver dúvida de que Alceste agiu nobremente e de boa fé[2]. No entanto, as formulações específicas que Eurípedes usa para elogiá-la são surpreendentes, para dizer o mínimo. Seu servo explica ao Coro de velhos: "Quem poderia negar a sua grandeza?/Nenhuma palavra existe para alguém que poderia superá-la./Que maneira mais atraente existe para mostrar/o quanto você honra o seu marido/em estar disposta a morrer por ele?" (pp. 146-150).

A esposa ideal é definida como aquela que está preparada para morrer por seu marido. O Coro argumenta que ela

[2]Existem até mesmo sugestões de que o sacrifício de Alceste possui um paralelo com o sacrifício de Jesus Cristo (VICENZI, 1960, p. 526). Tais paralelos são claramente infundados, uma vez que Alceste dá razões muito racionais para sua decisão, e também não morre esperando nada em troca; ela só se vê preparada para deixar seus filhos aos cuidados de seu marido quando este garante a ela que não os colocará em perigo (de perder *status*, no mínimo) casando-se com outra mulher. Seus argumentos afiados e racionais deslocam muitos leitores (ZÜRCHER, 1957 pp. 26-29), e alguns se perguntam se ela está tendo dúvidas acerca de sua escolha (ver ROSENMEYER, 1963, p. 224), mas isso é irrelevante: há um acordo geral de que seu feito é nobre.

"não é simplesmente amada,/mas a mais amada de todas" (pp. 238-239), chama-a de "uma verdadeira/mulher de grandeza" (pp. 252-253), "de longe, de longe/a maior das mulheres" (pp. 472-473), e conclui: "Mas você desistiu da sua jovem vida; você/morreu por um homem que era jovem./Que seja a minha sorte encontrar uma mulher assim/para ser minha própria amada esposa — um raro prêmio"(pp. 501-504).

Podemos reconhecer nessas palavras a fórmula do amor ideal, um amor tão forte que conquista até mesmo a inevitavelmente implacável e notoriamente invencível morte. Em si, esse conceito de amor pode parecer convincente, e os leitores contemporâneos se acostumaram a ele através de toda a produção de romances na história da literatura de nossos tempos. O romantismo provocou a explosão de dois gêneros: o dos mortos-vivos (especialmente pelos vampiros) e o gênero do amor eterno; mas talvez sejam apenas dois aspectos do mesmo gênero (em *Drácula,* de Francis Ford Coppola de 1993, foi anunciado com o slogan: "O amor nunca morre").

Seja como for, já que em *Alceste* é a esposa que é tão dedicada ao marido, mas não o contrário, não devemos esquecer que não estamos falando sobre o *amor ideal* enquanto um relacionamento entre duas pessoas, mas acerca da *esposa ideal* (ou, de maneira mais geral, sobre a amante ideal). É precisamente por isso que as palavras proferidas por Alceste ao jogar-se no leito conjugal são tão importantes: "Meu leito conjugal, ó cama onde desisti/de minha solteirice, minha querida virgindade/para ele, o homem por quem agora estou morrendo:/adeus" (pp. 176-179). Devemos entender que ela vê seu dever de esposa, ao dar a sua vida pelo marido, assim como é seu dever dar-lhe a sua virgindade? Ao menos uma pessoa na peça pensa claramente que sim: é o velho Feres, pai de Admeto, que escolhe elogiar Alceste com as seguintes palavras: "Um casamento como esse, eu lhe digo, beneficia um homem. Caso contrário, por que incomodar-se em se casar?" (pp. 660-661).

Mas a razão pela qual Alceste, a esposa ideal, funciona como um artifício irônico na peça é o fato de ela estar preparada para morrer, que deve ser lido através das lentes de uma fórmula usada por toda a peça: a fórmula de que ser marcada para morrer é o mesmo que já estar morto. A peça começa — após a troca preliminar entre Apolo e a Morte — com o Coro adivinhando, quase comicamente, se Alceste já está morta ou não, já que eles vieram lamentar o dia de "seu compromisso [*appointment*] com a morte" (p. 106). Já é hora de eles começarem a chorar? Ou deveriam esperar um pouco mais? Ela está fadada a morrer, mas não há sinal externo de sua morte. Quando seu servo finalmente surge, ela os mantém em suspense, dizendo: "Você pode dizer que ela está tanto viva quanto morta" (p. 134). Essa fórmula é exatamente o que Admeto usa quando Héracles lhe pergunta diretamente sobre Alceste: ela ainda vive ou não? "Ela existe e, ainda assim, não", responde Admeto (p. 552). Uma vez que ela concordou em morrer por Admeto, "como ela ainda pode existir?" (p. 556).

Héracles insiste que "existe diferença entre a vida e a morte", mas Admeto conclui que "simplesmente teremos de discordar disso" (pp. 559-560). Quase todos os leitores que já olharam para essa peça apontam essa fórmula e a consideram extremamente importante. Em seu estado de espera pela morte e preparando-se para os rituais, Alceste existe e, ainda assim, não mais; ela é um cadáver ambulante, uma morta-viva. A ironia reside no fato de que a esposa ideal, que todos os homens da Tessália desejariam como um grande prêmio, aquela que morreria por seu marido, é morta justamente por essa mesma escolha. Não importa o que o leitor contemporâneo pensa da ordem patriarcal das instituições gregas (a maneira usual pela qual os leitores conservadores rejeitam as leituras progressistas, acusando-os de cometer um ou outro tipo de anacronismo): a peça *Alceste* exibe a profunda contradição que se estabelece dentro desse antigo sistema patriarcal: a esposa ideal é aquela que já está morta, ela é uma morta-viva.

Morrer pelo outro, ou quem é o zumbi real

Vamos agora analisar de perto a questão da troca da morte na peça. Como expliquei acima, a implicação da troca de mortes é profunda, mesmo dentro da metafísica heideggeriana da morte: quem morre no lugar de outro ou que morre pelo bem da comunidade expandida é eticamente uma monstruosidade. Olhar para o rosto dele ou dela é como olhar para o sol: não há como evitar e se faz necessário desviar os olhos. É precisamente isso que está em jogo para Eurípedes. O dramaturgo deixa perfeitamente claro que Alceste não está morrendo em nome de uma visão romantizada de seu marido, mas que morre em seu lugar apenas porque ele é a única solução em que o lar, o *oikos*, possui algum futuro.

Synnøve des Bouvrie apontou que o conceito central da peça é o *oikos*, e que toda a ação gira em torno de ameaças ao *oikos* pela morte no auge da juventude. O sacrifício de Alceste e os cuidados que Admeto demonstra para com os hóspedes são ações que constituem a economia fundamental de um lar (ver BOUVRIE, 1991, p. 210). Sua morte afeta não somente Admeto e os filhos, mas também os servos da casa, que a veem como a mãe: "Ela era como uma mãe para mim, para todos os servos/sempre nos tirando de encrencas, sempre/acalmando seu marido" (pp. 818-820). De fato, ao deixar as crianças sob seus cuidados, Alceste diz a Admeto: "Agora você deve ser a mãe deles no meu lugar" (p. 404). E ele concorda: "Ela é a única, a única que eu considero minha verdadeira mãe e meu pai" (pp. 683-684).

Mas a questão relevante para nossos propósitos aqui é a seguinte: que efeito a sua morte tem sobre Admeto? Claramente, um efeito devastador. Sobre esse ponto, Eurípedes mostra-se como o mestre da ironia, pois Admeto não apenas perdeu uma esposa, mas a esposa ideal, e sua perda, portanto, só aumenta, tornando-se uma perda infinita. Uma esposa comum pode ser substituída por outra, mas a esposa ideal é insubstituível. Essa é a escolha impossível, até mesmo paradoxal, de Admeto: ou ele tem uma esposa comum — porém, neste caso, ela não morreria em seu lugar, e assim ele morre e não pode substituí-la — ou ele tem a esposa ideal — mas, então, ela *morre* em seu lugar, e ele fica sem a esposa ideal e com um lar irreparavelmente destruído.

Não há maneira em que ele possa ganhar! Isso porque a esposa ideal, ao menos no seu caso, e de acordo com suas próprias palavras, *já está morta*; Alceste está morta mesmo enquanto ela ainda respira. O curioso acerca da esposa ideal — se seguirmos a ideia da peça, a saber, a de que ela já está, em certo sentido, morta — é a de que você nunca pode verdadeiramente tê-la; ela existe apenas enquanto algo que você já perdeu. Estruturalmente, o que está implícito nas fórmulas da peça é que a esposa ideal não é senão a própria perda.

Admeto vê claramente que sua vida sem Alceste não é uma vida digna de ser vivida.

"Contigo morta, eu não existiria mais. Eu seria o nada", ele diz a ela (p. 294), e acrescenta: "Minha esposa, se você me abandonar, eu estou destruído" (p. 413). Ao retornar do funeral, ele olha de maneira sombria para a frente do palácio e afirma: "Mas eu, que me esquivei de meu destino,/que não deveria viver, passarei meus anos/em tristeza — eu acabo de me dar conta" (pp. 982-984). Assim, ele ecoa as palavras do Coro do início da peça: "Perder a sua esposa, uma verdadeira mulher/de grandezas, ele está/encarando uma vida pelo resto de seus dias/isso não é vida alguma" (pp. 522-525).

Admeto segue essa premissa até sua conclusão lógica: perder a esposa ideal é perder uma esposa pela qual vale a pena morrer. Ele deve, portanto, também morrer. Essa ação também é anunciada pelo Coro, ao comentar sobre o destino de Admeto: "Oh, isso é demais. Você estaria justificado/

cortando sua própria garganta/ou pendurado pelo mais alto nó" (pp. 235-237). Quando Alceste está morrendo, Admeto chora: "Por favor, pelos deuses, leve-me com você para baixo!" (p. 409). E quando eles retornam do funeral, Admeto repreende o Coro: "Por que você me impediu de arremessar o meu corpo/no espaço vazio de seu túmulo/para ficar lá com ela, com a maior das mulheres?" (pp. 947-949). A única coisa que resta a Admeto é se matar. Não há como não ver a ironia nisso: se Admeto se mata, toda a história foi em vão, incluindo o sacrifício feito por Alceste e o presente de Apolo.

Mas mesmo que alguém ainda se recuse a ver essas ironias ou subestime a importância delas na peça, ainda é preciso admitir o que é o ponto central de nossa análise, a saber, que para Admeto o sacrifício de sua esposa é insuportável, e que sua própria vida fica em ruínas. Seguindo a compreensão heideggeriana da morte enquanto a própria essência de nossa existência, o que Admeto deve a Alceste não é apenas sua vida, mas também, e mais importante que isso, a *sua morte*. Ao tomar a morte dele enquanto sua, Alceste eticamente ameaça Admeto ao ponto mais autenticamente seu, que é irrevogavelmente seu. E se houver alguma dúvida de que a mera visão dela é insuportável para Admeto, vamos dar uma olhada mais de perto nas palavras trocadas quando, no fim, Héracles lhe oferece uma bela, mas encoberta estranha.

Antes de mais nada, Admeto salienta que a estranha é bastante atraente: "Deveria ela dividir a casa com os homens?/ Entre os jovens do sexo masculino, como irá ela manter-se pura?/Héracles, um jovem em seu auge/não é fácil de restringir" (pp. 1111-1114). E quando ele se recusa a levá-la ao quarto de sua esposa morta, ele comenta:

> Seja quem você for,/mulher, você se parece com minha Alceste/em forma. Seu corpo é como o dela. Oh, deus./Por favor — leve essa mulher para longe, onde eu não a possa ver./.../Quando olho/para ela, acho que vejo minha esposa. Meu coração está palpitando, lágrimas estão saindo dos meus olhos (pp. 1123–11229).

Ela é atraente, e se parece tanto com Alceste que ele não consegue olhar para ela, mesmo enquanto ela está velada. E quando finalmente ele cede a Héracles e é "forçado" a tomá-la pela mão, exclama: "Estou estendendo a mão — como se fosse decapitar uma Górgona" (p. 1180). Que comparação brilhante, mas também aterradora, que Eurípedes nos dá aqui! A cabeça de Górgona é tão horrível que qualquer um fica petrificado ao olhar diretamente para ela. Para decapitá-la, Perseu teve de desviar o olhar dela, usando o seu reflexo em seu escudo. Esse é o *grand finale* ao qual o dramaturgo nos conduz: em sua ação ética absoluta, Alceste se tornou tão monstruosa, tão medonha que seu rosto se tornou como o rosto de Górgona para Admeto. O impulso de decapitar, evitando o olhar, parece apropriado. Alceste é estranha (*uncanny*) para Admeto.

A imagem de Alceste silenciosa e velada que tão profundamente perturba Admeto estimulou a imaginação de muitos leitores. Em sua análise brilhante, Jan Kott compara toda a cena com um procedimento cômico paradigmático de *As bodas de Fígaro*, em que o marido adúltero se encontra secretamente com sua jovem amante apenas para descobrir depois que ele não está com a amante, mas com a esposa disfarçada. "Mas em *Alceste* essa situação de comédia tem um ar de terror a seu respeito. É o momento em que o riso morre nos lábios de alguém", escreve Kott, e conclui: "A mulher muda e velada é a imagem da Morte" (KOTT, 1987, p. 108). Kott está certamente correto em detectar o elemento da morte na velada Alceste, mas como tentei demonstrar, ela não é tanto uma personificação da Morte, um demônio que veio para tirar a *vida* de Admeto, mas uma imagem do cadáver ambulante que vem para tirar a *morte* de Admeto.

No entanto, há mais um ponto a considerar antes de podermos desvelar totalmente o clímax da peça. Não é apenas Alceste que funciona como uma criatura não-morta; Admeto também pode ser considerado um tipo de "zumbi". Ele chegou à conclusão de que sua vida sem Alceste é uma vida que não vale a pena ser vivida, e que, ainda assim, o suicídio também não lhe é uma opção, pois isso aniquilaria todo o sentido do sacrifício que ela fez. Admeto, dessa forma, está preso em uma posição verdadeiramente horrível, casado com a esposa ideal deitada em seu túmulo. Assim, ele não pode aceitar as alegrias da vida (e de outra mulher) nem encontrar a paz na morte. Para sempre fadado ao luto, sua vida não vale a pena ser vivida, sua morte não vale a pena ser morta, Admeto também pode ser dito existir e não existir ao mesmo tempo.

Há algo que a psicanálise tem a dizer sobre o luto e a melancolia, no que diz respeito à perda de um objeto amado, que é particularmente útil para entendermos a complexidade da situação de Admeto. Através do processo de luto, a pessoa lentamente se desprende do objeto amado e, assim, deixa-o partir e aceita a realidade. A melancolia, para colocar no mais breve dos termos que aqui nos interessam, é caracterizada pela curiosa incapacidade de deixar ir, pela incapacidade de completar o processo de luto. Freud argumenta que isso se dá porque a melancolia combina elementos de luto por um objeto perdido com a identificação narcísica com o objeto (FREUD, 1957, p. 250).

Seguindo a nossa análise, na qual a troca da morte com Alceste sacode Admeto completamente, especificamente no ponto de sua mais própria, mais autêntica existência, a morte de Alceste não é simplesmente a perda de um ente querido, mas algo que possui a estrutura da perda enquanto tal. Admeto não pode verdadeiramente enlutar por ela, e ele se torna aquilo que a psicanálise poderia descrever como um melancólico. Surpreendentemente, talvez isso o aproxime do infame melancólico da literatura mundial: Hamlet. Lacan observa que “desde o começo até o fim de *Hamlet* não se fala de outra coisa senão do luto” (FREUD, 1957, p. 237).

No entanto, o luto nunca pode realmente acontecer em *Hamlet* porque é constantemente interrompido ou marginalizado. O velho rei morre, mas sua viúva, a rainha Gertrude, casa-se tão rapidamente com outro que o príncipe Hamlet observa: “Parcimônia, parcimônia, Horácio. O funeral assava carnes/Forneceu-se friamente às mesas do casamento" (*Hamlet* 1.2.180-1). O uso da carne do funeral para as celebrações do casamento é uma imagem muito forte, que nos lembra a conflagração da folia e do luto em *Alceste*. Quando Alceste estava se preparando para a sua morte, "todos os altares da casa de Admeto/ela suplicou, enfeitando cada um deles/com folhas de murta" (pp. 168-170). Depois de sua morte, o servo cuja tarefa era cuidar de Héracles e de sua sede insaciável reclama que "Ele [Héracles] coroa sua cabeça com galhos flexíveis de murta e uma fole desafinada" (pp. 807-808). Parece que Héracles simplesmente apanhou uma das guirlandas de murta que Alceste fez e, com parcimônia, usou-a para os próprios propósitos.

No entanto, os paralelos entre os tratamentos do luto nas duas peças não terminam por aqui. Em *Hamlet*, Ofélia morre, mas seu funeral é mínimo porque todos presumem que ela se matou. Em si, isso já configura uma redução do luto. E enquanto ela está sendo enterrada, o rito funerário é interrompido por um movimento esquisito de seu irmão, que decide saltar sobre seu túmulo e pede para ser enterrado com ela. Mas ainda mais peculiar é o seguinte: Hamlet salta na sepultura de Ofélia e concorre com Laerte.

> Eu amava Ofélia. Quarenta mil irmãos/Não poderiam com toda sua quantidade de amor/Compensar a minha soma. O que fará você por ela?/.../Feridas divinas, mostrem-me o que vocês fazem./Não chore, não brigue, não seja rápido, não se rasgue,/Não beber vinagre, e comer um crocodilo?/

> Eu o farei. Vir cá lamentar-se/Me sobressair pulando no seu túmulo?/Ser sepultado às pressas com ela, eu também irei. (*Hamlet*, 5.1.269-79)

Hamlet alega que seu amor por Ofélia superaria os de quarenta mil irmãos — claramente exagerando, e até se vangloriando, ele vê isso como uma disputa daquilo que está disposto a fazer para demonstrar seu amor. Tudo isso nos lembra da série de exageros que Admeto faz quando Alceste está morrendo e quando lhe pede apenas uma coisa (para não se casar novamente): não apenas ele não se casará novamente, ele será para sempre infeliz, ele odiará seus pais e a chamará de sua verdadeira mãe e pai etc. E, como mencionado antes, a expressão de desejo de ser enterrado com o ente querido está igualmente presente em *Alceste*. Até mesmo o ódio que Hamlet de repente sente por Laerte — a quem chamou "uma juventude muito nobre" poucos momentos antes (*Hamlet*, 5.1.223) — possui um paralelo com a velha peça!

Depois que Alceste morre e Héracles já está hospedado, o funeral pode finalmente acontecer. No momento em que a procissão fúnebre inicia, o velho Feres surge para pagar seus respeitos à que partiu. Alceste repousa em seu caixão, preparada para ser levada ao cemitério, e Admeto e Feres estão cada um de um lado dela, e estes brigam de uma maneira bastante indigna. É a única vez que Admeto perde a compostura de rei digno e grita: "Eu não me considero seu filho. Mas — ei!/Você ganhou o primeiro prêmio em covardia:/.../ você deixou uma mulher/— uma mulher de fora da família

— perecer" (pp. 676-681). Feres: "*Você está* me chamando de *covarde*? Você é o pior!/.../Você encontrou uma alternativa esperta à morte:/apenas persuadir sua atual esposa a morrer/em seu nome!" (pp. 738-743). O que está em jogo nas cenas fúnebres dessas duas peças não é a mesma coisa, e as tramas, no geral, são completamente diferentes; no entanto, o foco no luto excessivo e as imagens utilizadas são notavelmente similares.

Podemos usar essas considerações sobre o luto para aprofundarmos nossa interpretação do *finale* de *Alceste*, o momento de seu desvelamento. Quando Admeto toca a estranha velada, ele a toca "como se estivesse decepando a cabeça de Górgona". Ele deve desviar seus olhos porque o rosto de Alceste é eticamente insuportável para ele, ela tornou-se monstruosa. Mas por que Admeto queria cortar a cabeça deste monstro, da tão adorada esposa falecida? Se interpretarmos o problema de Admeto enquanto o problema do luto e da melancolia, podemos argumentar que o corte absolutamente necessário para Admeto é precisamente o corte que lhe permitirá passar da identificação melancólica e narcisista com seu objeto amado para o luto pela perda desse objeto. Em termos simples, Admeto deve deixar Alceste partir e, assim, cortar o próprio apego narcísico a ela. É a única maneira de Admeto reconquistar a própria morte. Ao reivindicar sua morte enquanto sua, Admeto pode finalmente escapar da terrível perspectiva de viver uma vida que não vale a pena viver ou morrer uma morte que não vale morrer.

Um deleite frígido: sobre amor e monumentos

Uma das promessas que Admeto faz à esposa moribunda é extremamente interessante. Ele não irá se casar novamente, mas, em vez disso:

> Eu terei uma imagem esculpida,/à semelhança do seu corpo, entalhada com destreza,/para deitar-se em minha cama. Eu cairei sobre ela,/envolverei meus braços ao seu redor, chamarei teu nome, e pensarei que minha querida esposa está em meus braços,/embora ela não esteja. Frio conforto, estou ciente,/de um frígido deleite. Mas, ainda assim, isso poderia ajudar a aliviar/a sobrecarga da minha alma. (pp. 370-377)

A ideia de substituir a esposa ideal por uma estátua à sua imagem pode, por certo, parecer-nos bastante peculiar. É certamente um elemento de comédia, ou até mesmo de farsa, dentro da peça; ele pega um motivo trágico e o transforma em um cômico, muito semelhante a Héracles pegando a guirlanda de murta da mulher morta e colocando-a em sua cabeça. E, ainda assim, ao mesmo tempo, essa imagem faz todo sentido dentro do contexto da peça.

Em primeiro lugar, como muitos comentaristas apontam, é uma referência a uma peça perdida de Eurípedes sobre Protesilau (a primeira vítima de Heitor na guerra de Troia) e sua jovem esposa Laodâmía. De acordo com uma das variantes do mito, Laodâmía sentia tanto a falta do marido que fez amor com a estátua de bronze de Protesilau (certamente, "um frígido deleite"). Quando seu pai, Acasto (incidentalmente, o irmão de Alceste), sabe disso, ele faz com que queimem a estátua, mas Laodâmía mergulha sobre as chamas para ser consumida junto com a efígie do marido.

Em segundo lugar, devemos ler essa fascinante referência enquanto inscrita em uma série de referências a mitos sobre a superação da morte. No mesmo discurso de despedida, Admeto recorda do mito de Orfeu e afirma: "O cão de Plutão/nunca poderia ter me impedido,/nem o Caronte" (pp. 385-387). No prólogo, Apolo nos lembra de outro mito de derrota à morte: seu filho Asclépio era tão hábil em Medicina que era capaz de ressuscitar pessoas da morte. O Coro também nos lembra disso (pp. 117-120). Tal habilidade iniciou uma série de eventos que levaram Apolo a atender Admeto e, finalmente, recompensá-lo com o dom divino de trocar mortes.

Tudo isso levou Charles Segal a concluir que a estátua de Alceste, na medida em que a entendemos como um monumento em sua homenagem, talvez pudesse ser entendida como uma metáfora para a poesia em geral (SEGAL, 1993, p. 38). Há fundamento para essa afirmação no próprio texto. Após a morte de Alceste, o Coro afirma: "Poetas de todo o mundo/irão exaltar seu nome, depenando a lira de sete tons —/.../Sua morte deixa para trás uma música rica/para nossos poetas nutrirem e reverenciarem" (pp. 475-483). Além disso, o Coro sugere que Admeto deveria tratar o túmulo de Alceste como um local de peregrinação: "Não deixe o túmulo de sua esposa ser considerado um local de morte; deixe-a, como uma deusa, ser honrada por todos" (pp. 1049-1050).

Isso nos permite proceder à análise de outra fantasia de morte presente em *Alceste,* a saber, a fantasia da morte enquanto uma obra monumental do indivíduo. Em *Alceste,* assim como em qualquer outra obra de arte, o pano de fundo filosófico dessa fantasia é platônico. Em *O banquete,* o famoso argumento de Platão versa sobre a poesia como um tipo de engendramento que, mesmo na etimologia do termo, indica ser uma espécie de (pro)criação, e conclui que

> Há certamente aqueles que estão ainda mais grávidos em suas almas do que em seus corpos, e estes estão grávidos com o que é apropriado uma alma suportar e trazer à vida. E o que é apropriado? Sabedoria e o resto da virtude, que todos os poetas geral. (PLATÃO, 1997, pp. 208d-209a)

Na perspectiva platônica, a poesia é precisamente a medida da derrota da morte: é a procriação da sabedoria e da virtude e opera no plano das ideias eternas. O que torna *O banquete* especialmente interessante para nossa análise de *Alceste* é que este entende todos os poetas enquanto amantes no sentido indicado, e que entende o amor como procriativo, quer se refira ao corpo ou ao amor. O mito de *Alceste* é até mencionado em *O banquete*:

> Seu feito atingiu a todos, até mesmo aos deuses, enquanto nobre feito. Os deuses ficaram tão deleitados, de fato, que deram a ela o prêmio que reservaram para um punhado

> escolhido dentre uma multidão de nobres heróis — eles enviaram sua alma de volta dos mortos. (PLATÃO, 1997, p. 179c-d)[3].

Na versão de Platão, todas as três fantasias acerca da morte que aqui apresento como três momentos distintos — morrer no lugar de outra pessoa, a bela obra à morte e o ressuscitar dos mortos — estão, de fato, completamente entrelaçadas. A lição de *O Banquete* é, portanto, que o feito poético de *Alceste* derrota a morte: em sua morte, ela não simplesmente pereceu, como algo individual e finito, mas realizou positivamente uma obra deste morrer. Ela morreu uma bela morte, uma morte poética. Se olharmos para Alceste dessa perspectiva, ela é, ela mesma, poética. Não é meramente individual e finita; ela é um *monumento* à individualidade finita.

Hegel afirmou que o tema da tragédia grega era o divino, não como conteúdo de uma consciência religiosa, mas na medida em que entra no mundo e nas ações dos indivíduos. Por essa razão, as heroínas das antigas tragédias são como esculturas: "Os trágicos heróis da arte dramática se tornaram, por assim dizer, trabalhos esculturais, sejam eles

[3]Platão ainda escreve que os deuses honraram Aquiles ainda mais do que Alceste, e o argumento é completamente relevante para a nossa discussão. Aquiles, como Alceste, morreu por seu amado (Pátroclo) pois Aquiles sabia que seu envolvimento na guerra lhe custaria a vida. Mas Aquiles "fez isso por um homem cuja vida já havia acabado" (180a). Poderíamos dizer: enquanto Alceste morreu para salvar a *vida* de seu marido, Aquiles morreu para salvar (para defender, para honrar) a *morte* de seu amado. O que Aquiles fez não foi apenas fora do domínio do que poderia ser considerado útil ou prático para si, mas também não servindo para o seu amado, que já está morto; o sacrifício de Aquiles está puramente no nível do simbólico, sem nenhum ganho prático para ninguém.

representantes vivos das esferas substantivas da vida ou indivíduos grandes e firmes em outras formas com a força de sua autossuficiência" (HEGEL, 1975, p. 1195).

Eurípedes parece capturar perfeitamente a ideia da heroína Alceste: ela é tão divina em sua ação que se assemelha a uma escultura construída a sua própria imagem. Sua silenciosa e até mesmo imóvel aparição no fim da peça me lembra muitos comentaristas da escultura sobre a qual Admeto falava a respeito (KOTT, 1987, p. 98; SEGAL, 1993, pp. 45-46). Até mesmo o medo de ser petrificado pelo olhar da Górgona parece insinuar acerca da presença de uma estátua de Alceste. E, no entanto, é claro que, se Eurípedes está deliberadamente usando elementos da doutrina socrática do amor, ele os usa para pervertê-los. Admeto fantasia sobre manter a escultura — Alceste na cama e fazer amor com ela.

Para Platão, o amor é de dois tipos: um que se engendra no corpo (procriação biológica) e outro que se engendra na alma (criação poética). Admeto confunde as duas formas ao sugerir fazer amor com uma obra da criação poética: um deleite frígido. A fantasia de uma morte poética, uma morte que resgataria o indivíduo do destino do mero desaparecimento e que lhe daria a glória própria de sua existência finita — que é uma fantasia presente no cerne de qualquer rito fúnebre: para entendermos a morte de uma pessoa não nos termos espinosistas, do resultado da submissão do indivíduo (não planejada e certamente indesejada) A forças externas, mas como a realização do caminho e do destino próprios do indivíduo — é o sujeito de um mal-entendido farsesco.

O final feliz ou Falhar em morrer

Vamos concluir abordando uma última fantasia acerca da morte que está em jogo em *Alceste*: o ressuscitar dos mortos. Como mencionado acima, a ideia dos mortos ressuscitando é explicitamente mencionada na peça como a capacidade mítica de Asclépio. Por outro lado, todos os personagens da peça parecem concordar que a morte é derradeira, inevitável e irreversível. Até mesmo Admeto podia se salvar apenas encontrando outra vítima. A noção de morte na peça é profundamente contraditória: a morte de Alceste é tratada como a irrevogável catástrofe, porém o resgate de Héracles é apresentado como mero interlúdio entre os dois lendários heróis dos trabalhos. A morte é tratada com a máxima gravidade e, ao mesmo tempo, como um caso um tanto insignificante.

Essa contradição culmina pouco antes do final, quando Admeto volta do funeral devastado pela perda e chora quase incontrolavelmente (algo geralmente tido como tarefa das mulheres lamentadoras, que às vezes eram tão tomadas por sua atividade que precisavam de alguém, um homem , para trazê-las de volta, quase como de um transe). O Coro conclui o ato recitando um longo poema para Ananke (necessidade): "Eu voei até os céus;/Eu estudei todas as artes que as musas ensinam;/ Eu testei todos os argumentos e descobri/que não há poder mais forte/que a Compulsão [Necessidade]" (pp. 1012-1016).

A arte de Asclépio é mencionada, mas apenas enquanto ineficaz contra a Necessidade: "Mesmo as drogas que Apolo/ deu aos filhos de Asclépio — ervas que ajudam os mortais que sofrem —/não podem ser comparadas com seu poder" (pp. 1022-1025). Ananke é colocada acima do próprio Zeus: "Mesmo Zeus deve/trabalhar ao seu lado/quando ele traz sua/ vontade de passar, e acena com a cabeça poderosa" (pp. 1012-1035). Ananke é inescapável: "Seja corajoso, pois suas lágrimas nunca serão restauradas/os que morreram e caíram abaixo" (pp. 1041-1042). Mas assim que o Coro termina, entra Héracles que trouxe Alceste de volta dos mortos; ele apenas lutou contra o deus da morte e venceu, "correu para ele e agarrou-o" (p. 1204) como se fosse a coisa mais fácil de se fazer. A leveza com que a ressurreição é tratada é, em si, farsesca; no entanto, associada à devastação da perda, produz efeitos cômicos.

Quanto mais todos confirmam que a morte é inevitável e que nada pode trazer de volta os mortos, mais cômico tudo parece. Vamos considerar a cena final mais uma vez. Admeto está olhando para Alceste, que está velada, e aponta que ela tem seu corpo e forma. Então, comenta: "Quando eu olho/para ela, acho que vejo minha esposa" (pp. 1027-1028). Mas, é claro, sabemos que é ela! E porque a mulher se parece exatamente como Alceste é que ela é tão insuportável para Admeto olhar. Quanto mais a mulher se parece com Alceste, mais fica claro que não pode ser ela. Para Héracles e para o público, sua crescente descrença e rejeição é ainda mais cômica. Eurípedes usa o mesmo artifício cômico que Groucho Marx usa em *Diabo a quatro* (*Duck Soup*,1933) quando defende seu irmão Chicolini: "Senhores, Chicolini aqui pode falar como um idiota e parecer um idiota. Mas não deixe isso te enganar. Ele realmente é um idiota." O engano das aparências reside no fato de ser verdade.

A fantasia de voltar dos mortos é a parte central de muitas religiões, e pode ser um grande tema do terror, mas em *Alceste* parece ser, em primeiro lugar, um mecanismo muito útil da comédia. Como argumenta Henri Bergson convincentemente, *qualquer* objeto material que se comporta como uma pessoa, assim como qualquer pessoa que se comporta como um objeto rígido, é cômico. De acordo com Bergson, o cômico é "algo mecânico incrustado em algo vivente" (BERGSON, 2005, p. 18). O corpo morto de repente andando e fazendo gestos com as mãos parece qualificar esse critério perfeitamente, assim como uma pessoa agindo como uma escultura de sua própria imagem.

O fato de que, no caso de *Alceste*, o objeto material que se comporta como uma pessoa é o próprio corpo morto desta pessoa amplifica esse efeito. O gênero dessa peça é, em si, questão de certa controvérsia: alguns a descrevem enquanto tragédia; outros, como um conto de fadas; outros, por sua vez, pensam nela enquanto um híbrido com elementos de tragédia, farsa e comédia. Eu argumento que pelo menos a resolução da peça deveria ser lida como uma comédia, especificamente enquanto uma comédia que usa o conceito trágico da morte como seu próprio tema. Em outras palavras, o elo trágico entre individualidade e finalidade — como é implícito pela compreensão heideggeriana de existência humana — é desafiado e ridicularizado.

Para ter certeza, todas as três fantasias acerca da morte aqui discutidas (o morrer pelo outro, a morte como um trabalho da arte poética e o retorno dos mortos) apresentam um desafio ao vínculo entre finalidade e individualidade, no que poderíamos descrever enquanto o enquadre parmenidiano, no qual toda a determinação é negação, em que todo o individual desaparece no ser absoluto. Todas essas fantasias são trágicas, pois apenas podem funcionar como fantasias se aceitarmos a ideia heideggeriana de que somos autenticamente nós mesmos precisamente em nossa morte, e que a morte é a glória que pertence ao indivíduo particular (e não ao todo absoluto). Mas e se rejeitarmos essa suposição fundamental e quase espontânea para argumentarmos que a morte *não* é uma força de individuação, que nosso falecimento *não* é a nossa realização? E se não houver nada de autêntico em nossa morte, e se não houver nada de glorioso acerca da nossa finalidade? E, finalmente: e se o conceito parmenidiano de Uno, que equipara a individualidade à finalidade, a diferença com o desaparecimento, for demasiado simplista?

Alenka Zupančič argumenta, a partir de uma perspectiva lacaniana e hegeliana, que a comédia se opõe à metafísica (heideggeriana) da finalidade com o que ela chama a "física do infinito". Zupančič argumenta que a comédia não é a aceitação de que os humanos são apenas humanos, limitados em suas habilidades e em sua própria existência, mas, muito pelo contrário, trata-se do reconhecimento de que os humanos são apenas humanos, exceto que algo in-humano e in-finito os habita. Ela argumenta que a finitude dos seres humanos é, de alguma forma, uma finitude falha, e escreve que, "embora seja verdade que a comédia incita certa atitude bem-humorada em relação às 'fraquezas' humanas, a importante ênfase adicional é a de que essas fraquezas são precisamente algo da ordem na qual um homem nunca é apenas um homem" (ZUPANČIČ, 2008, p. 49). A questão filosófica da comédia não é, portanto, a questão de como sabemos que não somos os mortos-vivos, como demonstramos conclusivamente que não somos apenas matéria morta, mas exatamente o contrário: como é que essa matéria morta continua falhando em estar completamente morta.

Referências

CAVELL, S. *Pursuits of Happiness:* The Hollywood Comedy of Remarriage [*Buscas pela felicidade: A comédia hollywoodiana do recasamento*]. Cambridge, Mass.: Harvard University Press, 1981.

BERGSON, H. *Laughter*: An Essay on the Meaning of the Comic [*A risada: um ensaio sobre o sentido do cômico*]. Nova York: Dover Publications, 2013.

BOUVRIE, S. "Euripides' Alkestis", In *Women in Greek Tragedy: An Anthropological approach.* ["Alceste de Eurípedes", In *Mulheres na tragédia grega: uma leitura antropológica*]. Oxford: Oxford University Press, 1991, pp. 193-213.

EURÍPEDES. "Alcestis", In *Alcestis. Medea. Hyppolitus.* [*Alceste. Medeia. Hipólito.*] Indianápolis: Hackett, 2007, 1-58.

FREUD, S. "Mourning and Melancholia" ["Luto e melancolia"], In *The Standard Edition of the Complete Psychological Works of Sigmund Freud* [*Edição padrão das obras psicológicas completas de Sigmund Freud*], vol. 14, 243-58. Londres: Hogarth, 1957.

HEIDEGGER, M. *Being and Time* [*Ser e tempo*]. Albany: SUNY Press, 1996.

HEGEL, G.W.F. *Aesthetics:* Lectures on Fine Art [*Estética: palestras sobre arte fina*], vol. II. Oxford: Clarendon, 1975.

HOMERO. *The Iliad* [*A Ilíada*]. Oakland: University of California Press, 2015.

KOTT, J. *The Eating of the Gods* [*O comer dos deuses*]. Evanston: Northwestern University Press, 1987.

LACAN, J. *The Seminar of Jacques Lacan: Desire and its Interpretation, 1958-1959, Book VI.* [*O Seminário de Jacques Lacan: desejo e sua interpretação, 1958-1959, Livro VI*]. Londres: Karnac, 2002.

LESKY, A. "Der Angeklagte Admet" ["Admeto, o réu"], In *Gesammelte Schriften*. Berna: Francke, 1966, 281-294.

PIPPIN BURNETT, A. "The Virtues of Admetus" ["As virtudes de Admeto"], In *Classical Philology* 60, 1965, 240-55.

PLATÃO. *Complete Works* [*Obras Completas*]. Indianápolis: Hackett, 1997.

REHM, R. *Marriage to Death: The Conflation of Wedding and Funeral Rituals in Greek Tragedy* [*Casados até a morte: a combinação de casamento e ritos fúnebres nas tragédias gregas*]. Princeton, Princeton University Press, 1994.

ROSENMEYER, T.G. "Alcestis: Character and Death" ["Alceste: personagem e morte"], In *The Masks of Tragedy: Essays on Six Greek Dramas* [*As máscaras da tragédia: ensaios sobre seis dramas gregos*]. Austin: University of Texas Press, 1963, 201-248.

SEGAL, C. "Alcestis" ["Alceste"], In *Euripides and the Poetics of Sorrow: Art, Gender, and Commemoration* in *Alcestis, Hyppolytus,* and *Hecuba* [*Eurípedes e a poesia da tristeza: arte, gênero e celebração em Alceste, Hipólito e Hécuba*]. Durham: Durham University Press, 1993, 37-86.

VELLACOTT, P. *Ironic Drama: A Study of Euripides' Method and Meaning* [*Drama irônico: Um estudo sobre métodos e significados em Eurípedes*]. Londres: Cambridge University Press, 1975.

VICENZI, O. "Alkestis und Admetos: Versuch einer Euripidesinterpretation" ["Alceste e Admeto: uma tentativa de interpretação em Eurípedes]. *Gymnasium* 67 (1960), 517-533.

ZUPANČIČ, A. *The Odd One In: On Comedy* [*O estranho de dentro: sobre a Comédia*]. Cambridge, Mass.: MIT Press, 2008.

ZÜRCHER, W. "Alkestis" ["Alceste"], In *Die Darstellung des Menschen im Drama des Euripides* [*A representação do homem no drama de Eurípedes*]. Basileia: Reinhardt, 1947, 24-42.

Sobre o autor

Gregor Moder é professor assistente de filosofia e leciona "Filosofia da Arte" na Universidade de Ljubljana, na Eslovênia. É membro do conselho editorial do Problemi, o principal periódico esloveno de filosofia, psicanálise e cultura, assim como é editor da série de livros da editora Maska, em Ljubljana. Moder é o autor de *Amor Cômico: Shakespeare, Hegel e Lacan* [*Comic Love: Shakespeare, Hegel, Lacan*] (2015, em esloveno) e recentemente da obra *Hegel e Spinoza: Substância e Negatividade* [*Hegel and Spinoza: Substance and Negativity*] (Northwestern UP, 2017). Sua próxima publicação sairá em 2019, é uma coleção co-editada com Jamila Mascat sobre *O Objeto da Comédia* (Palgrave Macmillan).

7. "Eu estarei com você em sua noite de núpcias": Lacan e o Estranho

Mladen Dolar

A dimensão do estranho, introduzida por Freud em seu famoso artigo, está localizada no cerne da psicanálise (FREUD, 1919/1955). É a dimensão em que todos os conceitos da psicanálise se unem, na qual suas diversas linhas de argumento formam um nó. O estranho fornece uma pista para o projeto básico da psicanálise. E, no entanto, Freud parece estar um tanto perdido quanto a como utilizar essa pista. Embora ele enumere uma série de instâncias do estranho, dando vários exemplos embelezados com reflexões teóricas, ele nos deixa no fim com apenas um esboço ou um prolegômeno para uma teoria do estranho. Como exatamente as diferentes peças se encaixam, ainda permanece incerto.

O êxtimo

Freud começa com uma extensa discussão linguística sobre o termo alemão *das Unheimlich*. E foi fortuito para Freud que uma palavra tão paradoxal existisse na língua alemã. E talvez tenha sido isso que lhe tenha dado a ideia para o texto, em primeiro lugar. A palavra é a negação em alemão padrão de *heimlich*, e, portanto, deveria ser o seu oposto. Mas denota-se que é, em realidade, diretamente implícito por *heimlich*, que significa "familiar", "acolhedor", "aconchegante", "íntimo", "despertando uma sensação de tranquilidade e segurança agradáveis, como se dentro das quatro paredes de sua casa".

Por extensão, o que é familiar e seguramente encoberto também está escondido, ocultado ao lado de fora, em segredo, "mantido fora de vista... contido dos outros". E por uma extensão adicional, o que está escondido e em segredo também é ameaçador, temerário, oculto, "desconfortável, inquietante, sombrio, triste... pavoroso", isto é, *unheimlich*, estranho (FREUD, 1919/1955, pp. 221-222; 225). Existe um ponto em que os dois significados coincidem diretamente e tornam-se indistinguíveis, e a negação não conta, como de fato não conta no inconsciente[1]. A tradução em inglês, "the uncanny", retém em grande parte a ambiguidade essencial do termo alemão, mas o francês também não possui um equivalente, *l'inquiétante étrangeté* (inquietude estranha), da tradução padrão. Então, Lacan teve de inventar um: o êxtimo.

[1]"O modo como os sonhos tratam a categoria dos contrários e contraditórios é altamente notável. É simplesmente desconsiderado. O 'não' parece não existir no que diz respeito aos sonhos. Eles mostram uma preferência particular por combinar os contrários em uma unidade ou representá-los como uma e mesma coisa." (FREUD, 1900/1955, p. 318)

Esse termo visa diretamente a dimensão essencial da psicanálise. Colocando de maneira simples, pode-se dizer que o pensamento tradicional consistia no constante esforço de traçar uma linha clara entre o interior e o exterior. Todos os grandes pares conceituais filosóficos — essência/aparência, mente/corpo, sujeito/objeto, espírito/matéria etc. — podem ser vistos como apenas muitas transcrições da divisão entre interioridade e exterioridade. Agora, a dimensão do êxtimo borra essa linha. O êxtimo não aponta para o interior nem para o exterior, porém está localizado lá onde a mais íntima interioridade coincide com o exterior e se torna ameaçadora, provocando horror e angústia. O êxtimo é simultaneamente o núcleo íntimo e o corpo estranho; em uma palavra, é *unheimlich*. Freud escreve: "O inquietante [*unheimlich*] é aquela espécie de coisa assustadora que remonta ao que é há muito conhecido, ao bastante familiar [*heimlich*]" (FREUD, 1919/1955, p. 220). E é essa mesma dimensão para além da divisão entre "psíquico" e "real" que merece ser chamado real no sentido lacaniano.

Freud prossegue então de maneira "indutiva", enumerando como que atropeladamente diferentes instâncias dessa estranha dimensão — o reino paradoxal entre os vivos e os mortos (o que Lacan posteriormente chamará de a área "entre duas mortes"); a angústia provocada pelo duplo, o ponto no qual o narcisismo torna-se insuportável; "o olho do mal" e a dimensão do olhar; uma série de coincidências que, de repente, carregam um significado fatídico (em que o real, por assim dizer, começa a falar); membros decepados etc. É óbvio que os diferentes casos possuem um simples denominador lacaniano em comum, a irrupção do real no "familiar", na realidade comumente aceita. Podemos falar do surgimento de algo que estilhaça divisões bem conhecidas e que não pode estar situado dentro delas. (Isso é válido não só para as divisões clássicas de sujeito/objeto, interior/exterior etc., mas também para a divisão do "primeiro" Lacan entre o simbólico/imaginário). Tanto o status do sujeito quanto da "realidade objetiva" é, dessa forma, posto em questão.

Ao lidar com diferentes instâncias, Freud é gradualmente forçado a usar toda a panóplia de conceitos psicanalíticos: complexo de castração, Édipo, narcisismo (primário), compulsão por repetição, pulsão de morte, repressão, angústia, psicose etc. Todos parecem convergir "no estranho". Pode-se simplesmente dizer que esse é o ponto central em torno do qual os conceitos psicanalíticos giram, o ponto ao qual Lacan chama objeto pequeno *a*, e que ele mesmo considera ser sua contribuição mais importante para a psicanálise.

Parece que Freud fala sobre uma experiência humana "universal" quando fala do estranho, porém seus próprios exemplos apontam de maneira tácita para sua localização em uma conjuntura histórica específica, a ruptura histórica particular provocada pelo Iluminismo. *Há uma dimensão específica do estranho que emerge com a modernidade.* O que interessa não é estranho enquanto tal, mas o estranho que está intimamente ligado ao advento da modernidade e que constantemente o assombra por dentro.

Para colocar de uma forma mais simples, nas sociedades pré-modernas, a dimensão do estranho foi amplamente coberta (e velada) pelo campo do sagrado e do intocável. Foi atribuído a um lugar no simbólico sancionado religiosamente e socialmente, a partir do qual a estrutura de poder, da soberania e da hierarquia de valores emana. Com o triunfo do Iluminismo, esse lugar privilegiado e excluído (a exclusão que fundou a sociedade) já não é mais. Isso quer dizer que o estranho se tornou não mais passível de deter lugar; tornou-se estranho no senso estrito do termo.

A cultura popular, sempre extremamente sensível às mudanças históricas, a assumiu com sucesso — testemunhamos a imensa popularidade da ficção gótica e sua sequência romântica[2]. Muitas vezes foi apontado que o romance gótico estava sendo escrito ao mesmo tempo que a Revolução Francesa. Houve uma irrupção do estranho estritamente paralela às revoluções burguesas (e industriais), ao surgimento da racionalidade científica — e se poderia acrescentar, com o estabelecimento da subjetividade transcendental kantiana, da qual o estranho apresenta a surpreendente contraparte. Fantasmas, vampiros, monstros, mortos-vivos etc. florescem em uma época em que você poderia esperar que estivessem mortos e enterrados, sem um lugar. Eles são algo provocado pela própria modernidade.

Freud, em seu artigo, dá uma impressão um tanto enganosa ao dizer que o estranho é o retorno de algo que há muito

[2]Ver a passagem excelente de James Donald, "The Fantastic, the Sublime and the Popular; or What's a Stake in Vampire Filmes?" ["O fantástico, o sublime e o popular; ou O que está em jogo nos filmes de vampiro?], In *Fantasy and the Cinema* [*Fantasia e cinema*], ed. por James Donald. Londres: British Film Institute, 1989.

fora superado, descartado e suplantado no passado. Assim como Lacan argumentou que o sujeito da psicanálise é o sujeito da modernidade baseado no cogito cartesiano, e que esse é impensável sem a guinada kantiana, então é preciso ampliar o argumento para o campo do objeto, do objeto *a*. Isso também está intimamente conectado, e foi produzido pelo surgimento da modernidade. O que parece ser uma sobra é, realmente, um produto da modernidade, a sua contraparte.

O quádruplo

Vejamos como a "simplificação" lacaniana — a introdução de um ponto central comum — afeta as formulações de Freud acerca do estranho. Freud toma, enquanto caso paradigmático, a conhecida historieta *Homem de Areia*, de E.T.A. Hoffmann, um exemplo sugerido por Jentsch e que serve a muito bem ao propósito de Freud. O relato de Freud acerca da história depende de duas relações: a do estudante Nathaniel, o herói da história, e de Olympia, a jovem de beleza angelical que se descobre ser uma boneca, um autômato; o outro entre a figura do Homem de Areia, sob suas várias formas, enquanto o advogado Coppelius, o oculista Coppola e o Pai (posteriormente substituído parcialmente pelo professor Spalanzani)[3]. Alguém poderia sentir-se tentado a colocar os

[3]Helene Cixous aponta em "La Fiction et ses Fantames: Une lecture de l'Unheimliche de Freud" [*Poétique*, 1972, pp. 199-216], Freud faz alguns cortes arbitrários na história de Hoffmann e não leva em consideração a sutileza de sua estratégia narrativa. Embora isso seja verdade até certo ponto, pode-se mostrar que esses elementos não contradizem a leitura de Freud. Parece que

quatro personagens nas duas diagonais cruzadas como no o esquema L proposto por Lacan:

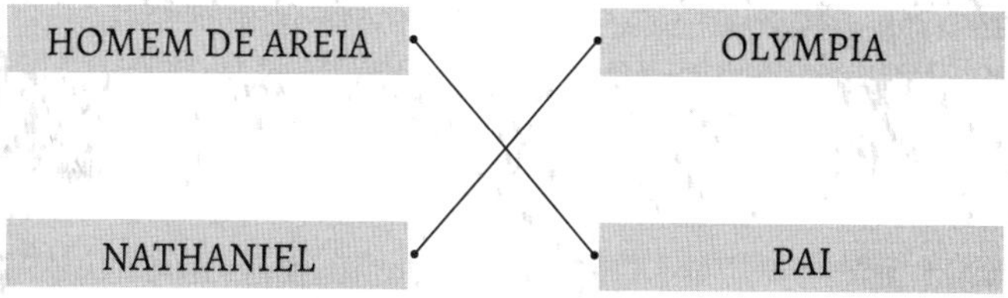

É claro que este diagrama não corresponde nem de perto à intenção original de Lacan, e também ilustra um ponto diferente. O esquema L foi introduzido para situar o ego imaginário produzido pela fase de espelho em relação ao simbólico, ao Outro da ordem simbólica; e também situar um sujeito que não é um ego. Então, toda a tensão do diagrama de Lacan, o drama que representa, é entre as diagonais imaginárias e simbólicas. No nosso caso, tanto a linha "imaginária" (Nathaniel-Olympia) quanto a "simbólica" são assombradas pela intrusão do real, uma dimensão que ainda não havia sido elaborada em um primeiro Lacan e não possuía um lugar atribuído no esquema L, ou que estava ali presente apenas de maneira implícita. Com a sua introdução, ambas diagonais se tornam perturbadas e pressagiam um desastre.

Cixous tenta provar demais, pois o próprio ato de interpretar opera por cortes arbitrários e a suposta riqueza do objeto interpretado é um efeito retroativo da própria interpretação que parecia reduzi-lo. Aqui, em vez de reivindicar qualquer fidelidade a uma riqueza textual original, prossigo tomando apenas um ponto essencial que me interessa.

Nathaniel se apaixona enlouquecidamente por essa bela garota que parece ser notavelmente silenciosa e reticente. É verdade que ela dança e que ela canta (como se pode ouvir nos "Contos de Hoffmann", por Offenbach), mas de uma maneira muito mecânica, mantendo seu ritmo com excessiva precisão. Seu vocabulário é bastante limitado; ela exclama apenas: "Oh! Oh!" de vez em quando e diz: "Boa noite, amor!" no fim de longas conversas, nas quais ele é o único falando. Os olhos dela encaram o vazio por horas a fio.

Nathaniel nunca se cansa de vê-la através de seu binóculos, e isso é suficiente para lhe provocar a loucura do amor: "Ela diz apenas algumas palavras, isso é verdade", observa Nathaniel, "mas essas poucas palavras aparecem como hieróglifos genuínos de um mundo interior cheio de amor e um conhecimento maior da vida espiritual em contemplação do eterno Além." "Oh, você gloriosa, natureza profunda, apenas você, somente você me entende completamente!" (HOFFMAN, 1982, pp. 117-118). Uma tela em branco, olhos vazios e um "Oh!" é o suficiente para fazer qualquer um louco de amor.

Há uma inversão estranha nessa situação: o problema não é simplesmente que Olympia é, em realidade, um autômato (criado pela figura do Homem de Areia, em Coppola, que contribuiu com os olhos, e Spalanzani, que cuidou do mecanismo), e sim a área do estranho entre os vivos e os mortos, onde Nathaniel é que reage estranhamente de forma mecânica. Seu amor por um autômato é, por sua vez, automático; seus sentimentos ardentes são produzidos mecanicamente

— "seu amor obsessivo insensível [*zwanghafte*, compulsório] por Olympia", diz Freud (1919/1955, p. 232). Exige-se muito pouco para configurar essa tela em branco da qual ele só recebe sua própria mensagem. Surge a questão de quem é o verdadeiro autômato na situação, pois a aparição de autômatos invoca uma resposta automática, implica em uma subjetivação automática.

A reviravolta irônica de Hoffmann, a paródia social implícita no episódio, destaca o papel socialmente atribuído à mulher: basta estar lá, no lugar apropriado, no máximo para proferir um "Oh!" no momento apropriado, para produzir esse espectro de A Mulher, essa figura do Outro. A boneca mecânica apenas destaca o caráter mecânico das relações "intersubjetivas". É o personagem explorado pela posição do analista: o analista também pronuncia no máximo um "Oh!" aqui e ali (e talvez um "Boa noite, amor!"). Ele se torna um autômato para dar origem à dimensão do Outro, o real interlocutor do "monólogo" do paciente, e também para produzir esse tipo estranho de amor, talvez amor no seu sentido mais rigoroso e puro, que é o amor transferencial. As longas conversas de Nathaniel com Olympia prefiguram a sessão analítica.

Mas Olympia é tanto o Outro a quem Nathaniel endereça seu amor e seu discurso amatório (como a Amada no amor cortês) quanto seu suplemento narcisista (o amor pode, afinal, ser visto como a tentativa de tornar o Outro enquanto o mesmo, reconciliá-lo ao narcisismo). Como ele, ela está na posição de uma criança em relação às figuras paternas: "Seus pais, Spalanzani e Coppola, são... nada mais do que novas edições, reencarnações dos pais de Nathaniel" (FREUD, 1919/1955, p. 232). Ela é a imagem de sua irmã, a realização de sua ambivalência essencial em relação à figura paterna — por um lado, a tentativa de identificar-se com o pai e, por outro, fazer-se objeto para ele, oferecer-se como objeto de seu amor (o que Freud chama "atitude feminina"): "Olympia é, por assim dizer, um complexo dissociado de Nathaniel que o confronta enquanto pessoa" (FREUD, 1919/1955, p. 232). Ela é sua "cara metade", a metade que lhe falta para fazê-lo todo, mas que se revela enquanto a materialização e a emancipação da pulsão de morte. Ela apresenta o ponto no qual a complementaridade narcísica torna-se letal, onde o imaginário tropeça no real.

A posição de Olympia é condicionada pela tensão da segunda diagonal que conecta as duas figuras paternas, o pai e o Homem de Areia. A ameaça de uma perda da visão, a ameaça de perder os olhos, que é o fio condutor da história e que, para Freud, é a principal fonte de seu caráter estranho, está imediatamente conectada ao complexo de castração, à ameaça da perda do que é o mais valioso. A história de Hoffmann trata desse complexo da maneira mais simples e clássica, com a duplicação das figuras paternas. O pai é dividido no bom pai, o protetor e portador da lei universal, e o mau pai, o castrador, a figura ameaçadora e ciumenta que evoca o pai da horda primeva, o pai vinculado a uma terrível *jouissance*. O bom pai protege os olhos de Nathaniel; o pai ruim lhe ameaça com a cegueira. O bom pai é morto pelo maligno, que assume a culpa por isso, resolvendo de maneira simples a ambivalência essencial em relação ao pai, o amor do sujeito por ele e o desejo de sua morte contra ele. Mas a tensão entre os dois pais é indissolúvel: por trás do pai, que é portador da Lei e, enquanto tal, reduzido ao "Nome do Pai" (isso é, o pai morto), existe a horrível figura castradora que Lacan chamou pai-*jouissance*", o pai que não morre e que surge para assombrar a Lei (e que, em realidade, lhe provê sua eficácia). O Homem de Areia é o portador dessa terrível e letal *jouissance*.

Para Freud, o efeito do estranho depende da castração, que também une as duas diagonais e as centraliza em relação ao objeto. O Homem de Areia, enquanto a figura castradora e a figura da *jouissance*, "sempre aparece como o perturbador do amor [*Störer der Liebe*]". Ele é o intruso que sempre emerge no momento em que o sujeito está próximo de realizar uma "relação sexual", visando encontrar seu suplemento imaginário e tornar-se "todo"[4]. É por causa da aparição do pai-*jouissance* na diagonal simbólica que a conclusão falha no imaginário. Pode-se dizer, nessa primeira abordagem, que o estranho é precisamente o que barra a relação sexual; é a dimensão que nos impede de encontrar as nossas metades platônicas faltantes e, portanto, uma conclusão imaginária; é a dimensão que bloqueia o cumprimento de nossa subjetividade.

[4]"Ele separa Nathaniel de sua noiva e de seu irmão, seu melhor amigo: ele destrói o segundo objeto de seu amor, Olympia, a linda boneca; e ele o leva ao suicídio, no momento em que ele reconquista Clara, está feliz e prestes a unir-se a ela." (FREUD, 1919/1955, p.231)

A dimensão objetal, ao mesmo tempo que permite a ameaça de castração, também vem para tamponar a lacuna da castração. O estranho emerge enquanto uma realidade, mas uma que possui sua única substância na positivação da negatividade, uma existência negativa, a castração. A presença positiva da dimensão objetal é a "expressão positiva" do que Lacan, em um dos seus ditames mais famosos, chamou a ausência de relação sexual ("Il n'y a pas de rapport sexuel").

O duplo

A dimensão do duplo, outra fonte do estranho, simplifica o esquema quádruplo do Homem de Areia em uma relação dual em que a tensão aparece entre o sujeito e seu duplo. Freud ocupa-se com a onipresença, com a obsessão acerca do tema do duplo na obra de Hoffmann, e menciona o exemplo do então recente filme de Stellan Rye, *Der Studant von Prag* [*O estudante de Praga*]. Os estudos exaustivos de Otto Rank e, mais recentemente, Karl Miller mostraram o uso extensivo desse tema na literatura (e em outros lugares), particularmente a sua incrível proliferação na era romântica (RANK, 1989; MILLER, 1985). Os autores variam (sem contar Hoffmann) desde Chamisso (Peter Schlemihl), o Romance Gótico, Andersen, Lenau, Goethe, Jean Paul, Hogg, Heine, Musset, Maupassant, Wilde etc. até Poe (William Wilson) e Dostoiévsky (Golyadkin).

Existem algumas simples características estruturais dessas histórias que podem ter uma série de ramificações complexas, atingindo diferentes resultados. O sujeito é confrontado com o seu duplo, com a própria imagem de si (que pode acompanhar o desaparecimento — ou a troca — de sua imagem espelhada ou sua sombra), e esse despedaçamento da realidade ao qual o sujeito está acostumado, esse estilhaçamento das bases de seu mundo, produz uma terrível angústia[5]. Normalmente, apenas o sujeito pode ver seu próprio duplo, que se encarrega de aparecer apenas em situações privadas ou somente para o sujeito. O duplo produz dois efeitos aparentemente contraditórios: ele organiza as coisas para que elas deem errado para o sujeito, aparecendo nos momentos mais inadequados, ele o condena ao fracasso; e ele realiza os desejos ocultos ou reprimidos do sujeito para que ele faça coisas que nunca ousaria fazer ou que sua consciência não permitiria. No fim, a relação fica tão insuportável que o sujeito, em um confronto final, mata seu duplo sem notar que sua substância única e seu próprio ser estavam concentrados em seu duplo. Então, ao matá-lo, ele se mata. "Você conquistou, e eu cedo", diz o duplo de Wilson na história de Poe. "Ainda assim, você também morreu — morto para o Mundo, para o Céu e para a Esperança! Em mim, você existe, e na minha morte, veja com esta imagem, qual é a sua, quão completamente você se assassinou" (POE, 1979).

Por via de regra, todas essas histórias terminam mal: no momento em que se encontra o duplo, o sujeito está

[5]Os heróis dessas histórias são sempre do sexo masculino. Como aparecerá posteriormente, o duplo é também um mecanismo para evitar a relação com a feminilidade e sexualidade em geral.

destinado ao desastre; parece não haver saída. (Em casos clínicos de autoscopia — encontrar ou ver seu próprio duplo —, o prognóstico também é bastante ruim, e o resultado provavelmente será trágico[6].)

Otto Rank (1989) dá uma extensa elaboração ao tema do duplo em diferentes mitologias e superstições. Para todos eles, a sombra e a imagem espelhada são obviamente análogas ao corpo, seus duplos imateriais e, portanto, o melhor meio para representar a alma. A imagem das sombras e dos espelhos sobrevive ao corpo devido à sua imaterialidade; então, é assim que os reflexos constituem o nosso eu essencial[7]. A imagem é mais fundamental do que seu próprio dono: institui sua substância, seu ser essencial, sua "alma". É sua parte mais valiosa; é o que o torna ser humano. É a sua parte imortal, sua proteção contra a morte.

De certa forma, a psicanálise concordaria com isto. Afinal, é isso que a teoria de Lacan da fase de espelho visa: é somente em virtude da reflexão no espelho que alguém pode dotar-se de um ego, estabelecer-se enquanto um "Eu". Minha "identidade egoica" vem do meu duplo. Mas o problema com o duplo vem do fato de que ele parece defender

[6]Ver Eric BLUMEL, "L'hallucination du double" ["A alucinação do duplo"], *Analytica* 22 (1980, pp. 35-53).

[7]Há também a tradicional crença "animista" de que o que acontecer com a imagem recairá então sobre seu dono — por exemplo, a superstição que ainda está viva acerca de espelhos rachados. Veja HEINE, citado por Rank: "Não há nada mais estranho do que ver o rosto acidentalmente em um espelho ao luar" (1989, p. 43). Isso explica por que fantasmas, vampiros etc. não projetam sombras e não possuem reflexos em espelhos: eles já são sombras e reflexos.

as três instâncias da "segunda tópica" (Isso, Eu e Supereu) de Freud: ele constitui a parte essencial do Eu; ele realiza os desejos reprimidos que brotam do Isso; e ele também, com uma malevolência típica do supereu, impedindo o sujeito de realizar seus desejos — tudo ao mesmo tempo[8]. Então, como as três instâncias se encaixam?

Há um momento na lenda de Narciso quando o vidente cego Tirésias faz uma profecia para a mãe do belo menino: "Narciso vai viver até uma velhice madura, desde que ele nunca se conheça" (GRAVES, 1960). A profecia parece contradizer diretamente o antigo ditado filosófico: "Conhece-te a ti mesmo!" Em vez disso, para Tirésias, uma ignorância essencial aparece enquanto condição de uma vida longa e feliz. Na verdade, Narciso *vai* se conhecer, irá preferir a máxima filosófica à oferta do profeta, e esse conhecimento será fatídico para ele. A lenda prediz a perda que está sempre implícita mesmo que no mínimo do mecanismo narcísico apresentado pela fase de espelho.

Em resumo, quando eu me reconheço no espelho, já é tarde demais. Existe uma cisão:

> não consigo me reconhecer e, ao mesmo tempo, ser um comigo mesmo. Com o reconhecimento, eu já perdi o que se poderia chamar "ser eu mesmo", a coincidência imediata comigo mesmo em meu ser e *jouissance*. O júbilo na imagem

[8]É por isso que trocar a imagem de alguém numa espécie de "pacto com o diabo" ou por qualquer substituto oculto sempre acaba mal: o Diabo sabe a importância da imagem, e o sujeito a negligencia.

> espelhada, o prazer e a auto-indulgência já foram pagos. O duplo espelhado introduz imediatamente a dimensão da castração — o próprio duplo, até mesmo em sua forma mais mínima, já implica na castração: "Esta invenção de duplicar como meio de preservação contra a extinção tem sua contrapartida na linguagem dos sonhos, que aprecia representar a castração por uma duplicação ou por uma multiplicação de um símbolo genital" (GRAVES, 1960, pp. 356-357).

A multiplicidade de cobras na cabeça da Medusa, para tomar outro exemplo de Freud, ocorre para dissimular a falta; o Um, o Único está perdido. Então, a duplicação, de maneira mais simples, implica a perda dessa unicidade que se poderia desfrutar em si próprio, mas apenas ao preço de não ser nem Eu e nem sujeito. A duplicação corta o um de uma parte, a parte mais valiosa de um ser, o imediato "ser eu mesmo" da *jouissance*. É isso que Lacan adicionará posteriormente à sua teoria inicial do estádio do espelho: o objeto *a*, que é precisamente a parte da perda que não se pode ver no espelho, a parte do sujeito que não possui reflexo no espelho, o não-especular. O espelho, da maneira mais elementar possível, já implica na divisão entre o imaginário e o real: só se pode ter acesso à realidade imaginária, ao mundo em que se pode reconhecer e se familiarizar sob a condição da perda, da "queda", do objeto *a*. É essa perda do objeto *a* que abre a realidade "objetiva", a possibilidade de relações sujeito-objeto, mas como sua perda é a condição de qualquer conhecimento da realidade "objetiva", essa mesma não pode tornar-se um objeto do conhecimento.

Agora podemos ver o problema com o duplo: o duplo é aquela imagem espelhada na qual o objeto *a* está incluso. Então, o imaginário começa a coincidir-se com o real, provocando uma angústia estilhaçadora. O duplo é o mesmo que eu mais o objeto *a*, essa parte invisível do ser adicionada à minha imagem. Para que a imagem especular contenha o objeto *a*, uma piscadela ou um aceno é o suficiente. Lacan usa o olhar como a melhor apresentação desse objeto faltante; no espelho pode-se ver os próprios olhos, mas não o olhar, que é a parte que está perdida. Mas imagine que se possa ver a própria imagem no espelho fechando os olhos: isso faria com que o objeto, enquanto olhar, aparecesse no espelho. Isso é o que acontece com o duplo e a angústia que o duplo produz, é o sinal mais seguro da aparência do objeto (que também pode ser provocada pelo contrário, pelo desaparecimento da imagem espelhada, tecnicamente apelidado "autoscopia negativa", um exemplo do que se encontra no *Le Horla* de Maupassant).

Aqui, o aprofundamento lacaniano da angústia difere nitidamente das outras teorias: não é produzido por uma falta, perda ou uma incerteza, não é a angústia de perder algo (o firme suporte, a orientação etc.) Pelo contrário, é a angústia de ganhar algo em demasia, de uma presença muito próxima ao objeto. O que se perde com angústia é precisamente a perda — a perda que tornou possível lidar com uma realidade coerente. "A angústia é a falta de suporte à falta", diz Lacan; a "falta" falta, e isso acarreta no estranho[9].

[9]Ver Blumel, "L'hallucination", (1960, p. 49).

A inclusão do objeto também implica o surgimento dessa parte perdida da *jouissance*. O duplo é sempre a figura da *jouissance*: por um lado, ele é alguém que se satisfaz às custas do sujeito; ele comete atos que esse não se atreveria cometer, ele se entrega aos desejos reprimidos desse e garante que a culpa recaia sobre o sujeito. No entanto, por outro lado, ele não é simplesmente alguém que se satisfaz, mas é essencialmente uma figura que comanda a *jouissance*. O duplo é um "perturbador do amor": ele geralmente surge no momento em que alguém está prestes a tocar ou beijar a garota de seus sonhos. Ele surge quando o sujeito se aproxima da realização de seus desejos, quando o sujeito está à beira de alcançar a plena satisfação, a consumação da relação sexual. Mas enquanto o duplo parece ser aquele que estraga e obstrui, o que é significativo é a escolha do objeto. É o próprio Eu que prefere o duplo. É aquele que retém o objeto e que pode proporcionar *jouissance* e ser, para a linda garota que pode me proporcionar prazer.

Somente o alter-ego pode oferecer a verdadeira *jouissance* de que não estou disposto a abrir mão em favor do prazer. A magnífica jovem é, então, o obstáculo à minha relação privilegiada comigo mesmo; ela é a verdadeira estraga-prazeres nesse jogo, a estraga-prazeres do narcisismo, então é preciso livrar-se dela (e o duplo se encarrega disso) para se juntar ao meu parceiro real, meu duplo. Ele possui esse objeto primordial perdido do qual nenhuma mulher pode ser seu substituto. Mas é claro que juntar-se à *jouissance* de alguém, recuperar o ser primordial de alguém, é letal. O sujeito só pode alcançá-lo por sua morte.

A aparição do objeto, em realidade, não faz dele um objeto de possível conhecimento "objetivo". Via de regra, este parece apenas ao sujeito; os outros não o veem e, portanto, não compreendem o comportamento peculiar do sujeito. Não pode se tornar parte aceita do espaço intersubjetivo. É o objeto privilegiado privado, acessível apenas ao sujeito, seu eu mesmo incorporado.

O duplo, mantendo o objeto, também introduz imediatamente a pulsão de morte. A função original do duplo (enquanto a sombra e a imagem especular) era "um seguro contra a destruição do Eu, uma 'negação energética do poder da morte'... e provavelmente a 'alma imortal' foi o primeiro 'duplo' do corpo" (GRAVES, 1960, p. 356). Mas o que foi concebido enquanto uma defesa contra a morte, como uma proteção ao narcisismo — a mortalidade de alguém é este *ananke* que imediatamente contradiz e limita a totalidade narcísica —, transforma-se em seu prenúncio: quando o duplo aparece, o tempo acabou. Pode-se dizer que o duplo inaugura a dimensão do real precisamente como a proteção contra a morte "real". Ele introduz a pulsão de morte, isto é, a pulsão em seu sentido fundamental enquanto uma defesa contra a morte biológica. O duplo é a repetição inicial, a primeira repetição do mesmo, mas também a que mantém se repetindo, emergindo no mesmo lugar (uma das definições lacanianas do real), brotando nos momentos mais peculiares, sendo tanto a irrupção do inesperado quanto a precisão do relógio, totalmente imprevisível e previsível ao mesmo tempo.

Mas a intrusão do real em histórias sobre o duplo é drástica e dramática, não é parte da experiência cotidiana. Pode surgir por um momento — como naquela experiência altamente desagradável de Freud quando ele encontrou seu duplo no espelho naquele ambiente aconchegante e acolhedor do compartimento de vagão de trem, enquanto estava sozinho de camisola e seu chapéu de viagem (GRAVES, 1960, p. 371). O mundo estava fora de prumo naquele instante, com a aparição do intruso, um cavalheiro idoso vestindo-se como ele, até ele reconhecer seu próprio reflexo no espelho.

Mas, "normalmente", a falta implícita ao narcisismo é o ponto central entre o estádio de espelho e o Édipo, o que pode lhe dar um resultado "normal". O que acontece com o Édipo, que é a entrada no simbólico, é a mudança na qual a perda provocada pelo reflexo do espelho está inscrita no registro do Nome-do-Pai. A Lei paterna é o que agora nega ao sujeito seu "ser eu mesmo", o imediatismo de sua *jouissance*, bem como o acesso a esse objeto primordial de completude, que é a mãe. O pai assume a responsabilidade pela perda, o que faz dele uma figura ambígua, sujeito a uma falta e dividido entre um pai "bom" e um "mau", produzindo o objeto que não pode caber na lei paterna. A Lei oferece palavras, ao invés de coisas (ao invés da Coisa); garante o mundo objetivo, ao invés do objeto. Essa é a única maneira que é possível para o sujeito lidar com a perda, embora essa operação produza necessariamente um resto que irá assombrar a realidade tal como é instituída. O apelo imediato do tema do duplo repousa sobre o fato de que ele aponta para esse restante. Na verdade, nunca estamos livres do predicamento da reflexão no espelho.

O tema do animismo está intimamente conectado ao narcisismo; é o seu prolongamento.

A realidade que se opõe à suficiência narcísica é concebida enquanto sujeita às mesmas leis "psicológicas" enquanto interioridade — é animada, habitada por espíritos etc. Alguém cede parte da própria onipotência para aqueles espíritos, mas, sendo esses da mesma natureza que o Eu, faz com que este então possa influenciá-los, seduzi-los, trocar com eles. O pressuposto subjacente é que a onipotência do pensamento, "a distinção entre imaginação e realidade seja apagada... um símbolo assume as funções completas da coisa que simboliza" (GRAVES, 1960, p. 367). Existe a classe de fenômenos em que uma série de coincidências e eventos contingentes, de repente, começam a significar e assumir um significado fatídico, ou inversamente, um evento casual parece realizar o pensamento de alguém, confirmando, assim, a crença em sua onipotência. "Eu sei que os pensamentos não podem matar, mas, no entanto... eu acredito que possam."

Aqui também, a fonte do estranho é o reaparecimento de uma parte que foi necessariamente perdida com o surgimento do sujeito: a interseção entre o "psíquico" e o "real", o interior e o exterior, a "palavra" e o "objeto", o símbolo e o simbolizado — o ponto em que o real coincide imediatamente com o simbólico para ser colocado a serviço do imaginário. Então, o que é estranho é novamente a recuperação da perda: a parte perdida destrói a realidade, ao invés de completá-la.

O Único

Até então, considerei o estranho em um nível bastante geral, seguindo os exemplos de Freud, que são, embora ele nunca mencione explicitamente, historicamente situados. Hoffmann, a emergência repentina dos duplos na era romântica, a obsessão extraordinária por fantasmas, vampiros, mortos-vivos, monstros etc., na ficção gótica e durante todo o século XIX, o reino do fantástico — todos esses apontam para o surgimento do estranho em um momento histórico muito preciso. E é Frankenstein, no entanto, que talvez seja o melhor exemplo disso.

Comecei com um esquema quádruplo no conto de Hoffmann, que então foi reduzido a uma dupla relação com o duplo. Agora podemos realizar uma simplificação ou condensação do problema, reduzindo-o a um único elemento que é melhor apresentado pelo tema do monstro.

Parece, à primeira vista, que Frankenstein é o oposto direto do tema do duplo: a criatura criada por Frankenstein é um monstro sem nome, e seu problema básico no romance é precisamente que ele não consegue encontrar o seu duplo[10]. É uma criatura sem filiação ou genealogia, sem quem o reconheça ou o aceite (nem mesmo seu criador). Seu narcisismo é, portanto, frustrado desde o início, e a parte

[10]Estou em grande débito com duas grandes análises: Chris Baldick, *In Frankenstein's Shadow* (1987), e Jean-Jacques Lecercle, *Frankenstein: Mythe et Philosophie* (1988). Mas me concentrei apenas em um argumento, negligenciando outras possibilidades oferecidas pelo material.

principal do enredo, na verdade, decorre da sua demanda por um parceiro, alguém como ele, uma esposa, para que ele possa começar uma linhagem, uma nova filiação. Ele é Um e Único, e enquanto tal, não pode sequer possuir um nome. *Ele não pode ser representado por um significante* (que a ausência é, muitas vezes, "espontaneamente" preenchida pelo nome do "pai"). Ele não pode ser parte do simbólico.

A própria história teve o curioso destino de tornar-se um "mito moderno", de fato, uma ocorrência muito rara. O grande número de versões diferentes, nas quais o original é praticamente perdido, atesta esse fato. Todas essas versões rondam em volta do mesmo núcleo fantasmático, o re-transcrevendo ao infinito. É um mito no sentido lévi-straussiano da palavra: o mito como "um modelo lógico para resolver uma contradição (uma tarefa insolúvel, se a contradição for real)" (LÉVI-STRAUSS, 1983) — em última instância, a contradição entre a natureza e a cultura.

O mito tem seu ponto de partida no discurso científico. A "Introdução" de Shelley retoma Erasmus Darwin como testemunha, juntamente com os antecedentes da pesquisa sobre ocorrências eletromagnéticas, galvanismo etc. A possibilidade de criar um ser humano parece ser apenas uma pequena extensão das possibilidades aparentemente ilimitadas da nova ciência. Porém, sua conexão com o Iluminismo vai muito mais longe. O subtítulo, "O Prometeus Moderno", provavelmente foi diretamente emprestado da obra *O Homem-máquina* (*L'Homme-Machine*), de La Mettrie (1981). Este elogia o ofício de Vaucanson, o famoso construtor francês de autômatos (um flautista de grande sucesso, para não falar do pato que digere, "*Canard Digérateur*"). Parecia que ele não estava longe de ser capaz de produzir um ser falante, "a máquina que não deve mais ser considerada impossível, especialmente nas mãos de um novo Prometeus"[11] (LA METTRIE, 1981, p. 143), no qual La Mettrie apenas dá voz para uma fantasia que estava então muito viva: se Descartes pôde pensar em animais como máquinas, um pouco mais complicados que as produções humanas, se ele pôde ver o corpo humano essencialmente enquanto um mecanismo, uma máquina como um relógio, era apenas para destacar a diferença entre a *res extensa* e o espírito.

A revolução galileana na Física abriu a perspectiva do cosmos enquanto um mecanismo (daí a presença ubíqua das bolas de bilhar e do mecanismo do relógio nos séculos XVII e XVIII) e colocou em questão a autonomia do espiritual. Cem anos depois, o objetivo de La Mettrie foi precisamente acabar com essa diferença, ver o autômato não só no corpo, mas também no espírito. Foi a era do fascínio pelos autômatos, ainda no trabalho em Hoffmann, Poe etc. O que estava em jogo era o vínculo entre matéria e espírito, natureza e cultura. A noção de sujeito do Iluminismo sempre foi uma tentativa de fornecer esse vínculo. É isso que reúne

[11]Parece que o primeiro a estabelecer este paralelo foi Voltaire em 1738, por volta de dez anos antes de La Mattrie: *Le Hardi Vaucanson, rival de Promethée* [*O ousado Vaucanson, rival de Prometeu*]; *Semblait, de la nature imitant les ressorts* [*Parecia, a natureza imitando as molas*]; *Prendre le feu des cieux pour aimer les corps* [*Tome fogo do céu para amar os corpos*].

essas diferentes facetas: a *tábula rasa* de Locke, *le bon sauvage* [o bom selvagem], *l'homme-nature* [o homem natural], a estátua de Condillac gradualmente aderindo aos sentidos, o homem cego — uma figura importante do Iluminismo (cf. o famoso problema de Molyneux para o qual todos os filósofos da época propuseram uma solução, a *Carta sobre os cegos* de Diderot etc.; pode-se até mesmo dizer que o sujeito do Iluminismo era cego) —, depois veio o *Emílio* de Rousseau (que era um órfão) etc.].

O que todos eles têm em comum é a busca por um "grau zero" de subjetividade, o elo perdido entre a natureza e cultura, o ponto no qual o espiritual brotaria diretamente do material. Todos parecem apontar para um sujeito para além do imaginário, singularmente privado do estádio de espelho, um sujeito não-imaginário a partir do qual o suporte imaginário no mundo deve ser retirado (isso é particularmente óbvio com a cegueira) para reconstruí-lo, em sua verdadeira significância, a partir deste ponto "zero".

A criatura de Frankenstein demonstra isso de uma maneira particularmente pungente: é a realização do sujeito do Iluminismo, o elo perdido produzido por seu projeto científico. Ele é criado, por assim dizer, *ex nihilo,* e ele deve recriar toda a complexidade do mundo espiritual *ex nihilo.* E temos, na parte central mais extraordinária do livro, uma experiência em primeira mão de sua subjetivação, uma narração em primeira pessoa da passagem da natureza para a cultura. Ele é o ponto zero da subjetividade natural, e aqui reside seu paradoxo: enquanto a encarnação do estado zero do natural, ele é contrário à natureza, é um monstro, excluído da natureza e da cultura. Através de sua tragédia, a cultura apenas recupera sua própria mensagem: sua monstruosidade é a monstruosidade da cultura.

O nobre selvagem, o homem auto-educado, torna-se ruim apenas porque a cultura o rejeita. Ao deixar de aceitá-lo, a sociedade mostra sua corrupção, sua incapacidade de integrá-lo, de incluir seu próprio elo perdido. A cultura julga por natureza (isto é, por sua aparência), não pela cultura (isto é, por seu bom coração e sua sensibilidade). A criatura, enquanto Única, quer apenas um contrato social, mas sendo recusado, ele quer destruir o contrato que o exclui e, assim, reivindicar-se. Como ele não pode encontrar uma família — um contrato mínimo do seu gosto —, ele extermina a família de seu criador, que não quis reconhecer sua prole, seu único vínculo com a cultura. No fim, todas as figuras do romance estão mortas (exceto por Walton, que vive para contar a história).

O paradoxo da criatura reside no fato de que essa encarnação do sujeito do Iluminismo perturba diretamente seu universo e produz seu limite. A criatura, essa pequena extensão do esforço científico, preencheria o elo perdido e o faria existir, o que superaria tal lacuna. Com sua adição, "a grande cadeia do ser" estaria completa; se poderia passar sem interrupção da matéria ao espírito, da natureza à cultura. Havia um espaço vazio entre os dois que o monstro veio preencher, mas o que obtemos com esse universo cheio e contínuo é o oposto do tradicional *horror vacui*; é o *horror plenitudinis*, o horror de um mundo não-cindido. Frankenstein traz à humanidade, como Prometeus, a faísca da vida, mas também muito mais que isso: há a promessa de fornecer a sua origem, de curar a ferida da castração, de tornar-se completo novamente. Mas o preenchimento da falta é catastrófico — o Iluminismo atinge seu limite ao perceber isso, assim como o surgimento do duplo, em outro contexto, produziu a falta da falta.

O surgimento desse limite do Iluminismo é então aberto a uma variedade de interpretações. A religiosa é a mais próxima: Frankenstein, que interfere com os negócios de Deus, deve ser punido por sua presunção e por sua rebeldia contra a ordem divina — a presunção e a rebelião do próprio Iluminismo, que foi longe demais. Mas há uma interpretação oposta, uma interpretação romântica, uma visão positiva do monstro, que não só demonstra uma compaixão pela bondade inerente à sua natureza traída pela sociedade, mas que também admira a sublimidade de sua horrível perspectiva. Ele aparece no contexto de cenário natural espetacular (Mont Blanc, o Ártico) juntamente com a sua insondável selvageria, sendo, então, a encarnação dessa outra natureza. Não é aquela escrita em linguagem matemática e que funciona como um relógio, enquanto um mecanismo, mas aquela que se perdeu com essa visão científica e mecânica da natureza, a que se tornou o objeto perdido de empreendimento científico e que só pode estar presente enquanto esse esforço em representar o irrepresentável, a definição kantiana do sublime.

Pode-se também ver a dimensão política: a história ocorre na época da Revolução Francesa, que já fora rotulada por Burke (outro teórico do sublime) como "monstruosa", e que produziu, em toda uma geração de jovens intelectuais e poetas ingleses, uma mistura de entusiasmo e horror. Mary Shelley estava bem posicionada para tirar as consequências dessa situação: ambos os seus pais, Mary Wollstonecraft, enquanto "fundadora" do feminismo, e William Godwin, como "fundador" do anarquismo, posicionaram-se numa linha radical de demandas revolucionárias — "Ingleses, mais um esforço" para perceber o impulso revolucionário, o esforço paradoxalmente alcançado por sua filha. Podemos ver aí o nascimento do proletariado e o horror que isso provoca — e o discurso conservador logo se apropriou do monstro enquanto uma metáfora para as agitações e demandas dos trabalhadores, uma personificação da massa, "a regra da multidão"[12].

Não é que essas interpretações não estejam corretas; elas todas são plausíveis, e evidências podem ser encontradas para apoiá-las. O ponto no qual o monstro emerge é sempre imediatamente apreendido por uma enorme quantidade de significado — e isso é válido para toda a subsequente galeria de monstros, vampiros, alienígenas etc. que possuem imediatas conotações sociais e ideológicas. O monstro pode defender tudo o que nossa cultura tem de reprimir: o proletariado, a sexualidade, outras culturas, modos alternativos de viver, a heterogeneidade, o Outro (MORETTI, 1983, p. 236).

Há uma certa arbitrariedade no conteúdo que pode ser projetado sobre esse ponto, e existem muitas tentativas de reduzir o estranho em apenas esse conteúdo. No entanto, o

[12]Ver Franco MORETTI, *Signs Taken from Wonders* (1983).

importante, sob o ponto de vista lacaniano, é que, embora esse conteúdo esteja sempre presente no estranho, em maior ou menor grau, isso não o constitui. O estranho está sempre em jogo na ideologia. Talvez a ideologia consista basicamente numa tentativa social de integrar o estranho, de torná-lo suportável, atribuir-lhe um lugar, e a crítica da ideologia é capturada no mesmo enquadre se tentar reduzi-la a outro tipo de conteúdo ou se tentar tornar o conteúdo consciente e explícito.

Esse criticismo está sempre à beira de um esforço ingênuo de tentar consertar as coisas com seus nomes próprios, de tornar consciente o inconsciente, de restaurar o sentido do que está reprimido e, portanto, de livrar-se do estranho. O constante ressurgimento das ideologias de "direita" que encontram apoio no estranho sempre surgem como uma surpresa. O fascínio não desaparecerá, a historicização falha, os "conteúdos escondidos" não as esgota. Assim, a crítica da ideologia repete indevidamente o gesto modernista: a redução do estranho a sua "base secular" através da mesma lógica que produziu o estranho em primeiro lugar enquanto resto objetal.

A psicanálise não oferece uma nova e melhor interpretação do estranho; ela o mantém como um *limite para a interpretação*. Sua interpretação tenta circunscrever o ponto em que a interpretação falha, no qual nenhuma tradução "mais fiel" pode ser feita. Ela tenta localizar a dimensão do objeto naquela fenda minúscula antes que diferentes significados se apoderem dela e a saturem de sentido, o ponto que nunca pode ser recuperado com sucesso pela cadeia significante.

Em outras palavras, a psicanálise difere de outras interpretações por sua insistência no nível formal do estranho, e não em seu conteúdo.

A especificação de Lacan de que a melhor presentificação do objeto é o olhar, que não contradiz o nível formal de sua análise. Parece que este nomeia o objeto e, portanto, o atribui um lugar, mas o olhar em sua estrutura formal é mais um dispositivo para abrir um "não-lugar", a oscilação pura entre um vazio e uma plenitude. A história de Frankenstein revela isso de forma simples e eficiente. A fonte principal da estranheza do monstro, para Frankenstein, é precisamente o olhar. É o ser do olhar. O ponto que Frankenstein não pode suportar, durante a criação do monstro, é o momento em que a criatura abre os olhos, quando a Coisa produz o olhar. É essa abertura que a torna a Coisa. Ao ver aqueles "olhos aquosos, que pareciam quase da mesma cor que os soquetes brancos onde estavam colocados", Frankenstein foge horrorizado (SHELLEY, 1979, p. 318). Mas o olhar o persegue até seu quarto, o monstro chega aos pés da cama. "Seus olhos, se pode se chamar de olhos, foram postos sobre mim" (SHELLEY, 1979, p. 319).

O surgimento desse sujeito impossível é o surgimento do olhar, a abertura de um buraco na realidade que é também o que vem imediatamente a preenchê-lo com uma presença insuportável, com um ser mais ser do que o ser, *vacuum* e *plenitudo*, tudo ao mesmo tempo, a plenitude como consequência direta do vazio. Pode-se dizer que a terrível aparência do monstro é apenas uma máscara, uma capa imaginária para fornecer um enquadre para o seu olhar. A mesma presença traumática do olhar pode também ser identificada na segunda "cena primária": a tentativa de criação da noiva do monstro em um chalé escocês, a cena que é interrompida precisamente por conta do aparecimento do olhar. Termina com o anúncio do reaparecimento do olhar na terceira "cena primária": "Eu estarei com você na sua noite de núpcias" (SHELLEY, 1979, p. 438). E ele estará. O portador do olhar se transformará de criatura — isto é, algo criado, uma prole, um filho — na figura do pai-*jouissance*.

O olhar que ocorre com tamanha precisão em todas as "cenas primárias" ao longo da obra é um olhar impossível. Jean-Jacques Lecercle (1988, p. 99) já apontou que está situado enquanto a presença do olhar na própria concepção do sujeito. Emerge junto com o surgimento do sujeito, no momento de sua concepção, como um *hors-corps* (fora do corpo) e um *hors-sexe* (fora do sexo). É esse o objeto que faria do sujeito uma *causa sui* caso pudesse ser integrado — a causa perdida da subjetividade, o elo perdido do seu surgimento.

O fantástico

Antes de concluir, consideremos brevemente a "teoria do estranho" de Tzvetan Todorov em sua análise clássica em *The Fantastic* (1973). Sua leitura parece aproximar-se muito da lacaniana, porém difere desta no ponto mais crucial. Para Todorov, a principal fonte do "fantástico" (mais ou menos o reino do estranho, para simplificar) reside numa "incerteza intelectual" (Todorov, 1973, p. 29). Em termos lacanianos, é a erupção do real em meio à realidade familiar, provocando uma hesitação e uma incerteza, rompendo o familiar. É claro que essa hesitação é estrutural. Afeta o interno, o leitor implícito que está inscrito no texto, não aquele empírico ou psicológico.

Para Todorov, em última instância, o fantástico tem de ser explicado e dissolvido. A hesitação não pode ser mantida indefinidamente: ou o inexplicável acaba por ser apenas esquisito — o herói foi enganado, era louco, foi vítima de uma conspiração etc. — ou o sobrenatural realmente existe, caso em que trocamos nossa realidade por outra com regras diferentes (um mundo mítico, o mundo dos contos de fadas etc.) Em ambos os casos, o real obtém um sentido, é atribuído a ele um significado, e assim evapora. O estranho só poderia subsistir no estreito intermédio que existe antes da incerteza quanto à sua natureza ser dissipada. E foi apenas naquela terra-de-ninguém que se poderia produzir angústia e destruir o sujeito em uma total insegurança, o fazer flutuar sem um ponto de ancoragem. Todorov, então, aponta admiravelmente as implicações desse simples ponto de partida, mostra uma série de condições suplementares que dela emergem e as demonstra em vários exemplos convincentes.

A força dessa teoria reside em sua simplicidade e, especialmente, em seu caráter puramente formal. Ela também oferece um link imediato com a visão lacaniana de que o real nunca pode ser lidado diretamente, que ele emerge apenas em uma perspectiva oblíqua, e que a tentativa de o entender diretamente o faz desaparecer. No entanto, pode-se dizer que essa teoria abrange muito e muito pouco. Muito, porque a sua descrição formal aplica-se também a uma área muito mais ampla que se poderia chamar *a lógica do suspense.* Na sua forma mais simples, consiste no mecanismo através do qual uma informação essencial (por exemplo, a identidade do assassino) é retida do leitor (implícito) e é revelada apenas no fim. Esse atraso torna o herói e o leitor incertos sobre o que realmente está acontecendo sem necessariamente produzir o efeito do estranho. A maioria das ficções criminais e de detetives baseiam-se nisso, mas com a certeza antecipada de que os eventos terão uma explicação natural plausível (a certeza incorporada nesse sujeito suposto saber, que é o detetive; ŽIŽEK, 1991). Muito pouco, não só por deixar de fora muitos exemplos do fantástico, mas também porque, em última análise, a principal fonte do estranho não é de todo uma hesitação ou uma incerteza.

As instâncias não contidas por essa teoria são facilmente encontradas. Uma grande parte da "literatura fantástica" não tem intenção de deixar o leitor hesitante quanto à verdadeira natureza dos eventos, porém é construída com base na pressuposição inicial de um postulado "sobrenatural". Em *Frankenstein*, temos de assumir, durante a duração da narrativa, a possibilidade de uma produção "sintética" de seres "humanos". Em *Pet Cemetary* [*Cemitério maldito*], de Stephen King, para dar um exemplo contemporâneo, encontramos a possibilidade da "ressurreição dos mortos" sob certas condições. Uma vez que aceitamos essa hipótese, nenhuma hesitação ocorre, e, no entanto, essas histórias são definitivamente estranhas. O conhecimento firme de que "essas coisas normalmente não ocorrem" não diminui o efeito do estranho. A questão pode, então, surgir do motivo pelo qual estamos tão facilmente inclinados a engolir uma hipótese improvável, que vai contra toda a experiência habitual, e sermos tão facilmente enganados com angústia pelo horror.

Em seu livro sobre piadas, Freud cita a frase de Lichtenberg: "Não só ele não acredita nos fantasmas; ele nem sequer ficava assustado com eles" (FREUD, 1905/1955, p. 92). Claramente, a incerteza pertencente ao conhecimento deve ser distinguida da área da crença inconsciente. "Eu sei muito bem, mas ainda assim... eu acredito", a fórmula tão admiravelmente identificada por Octave Mannoni em seu artigo clássico, é a base dessa fabricação do estranho[13]. O conhecimento não contradiz a crença nem a crença simplesmente perde sua força através do conhecimento, já que está fundamentalmente situado em relação ao objeto — que não é o objeto de conhecimento.

Temos uma segunda distinção mais básica a ser feita. O conhecimento e suas (in)certezas devem ser distinguidos da terrível certeza no nível do objeto. É uma certeza que vai além de qualquer certeza que a ciência pode fornecer, ou, melhor dizendo, é somente aqui que alcançamos o nível de certeza, enquanto a ciência só pode produzir exatidão e permanece sujeita às dúvidas, aos questionamentos e às provas. *Somente o objeto pode dar certeza,* como é apenas o objeto que provê o ser de algo. Pode-se facilmente ver isso em boa literatura fantástica (ou em sua versão moderna, a "ficção de horror"). A lógica de sua estranheza é até mesmo

[13]"*Je sais bein... mais quand même*", In *Clefs pour L'Imaginaire ou L'Autre scène* (1969).

diretamente oposta à lógica do suspense. O que é horrível é que se sabe antecipada e precisamente o que está fadado a acontecer — e, de fato, acontece. Pode-se dizer que, nesse nível, a certeza é também oposta à crença inconsciente. Os fatídicos eventos parecem inevitáveis desde o início, mas, inconscientemente, não se acredita que o inevitável irá acontecer (ŽIŽEK, 1991, pp. 70-71).

Então, há uma passagem que vai do "Eu sei muito bem... ainda assim, acredito" para o "Eu não acredito realmente... mas, ainda assim, tenho certeza". O mecanismo do estranho não deixa nenhum espaço para incerteza e hesitação. Se houver uma hesitação estrutural ou flutuante anexada a ela, provém da impossibilidade de defender a terrível certeza — em última análise, implica em psicose, uma aniquilação da subjetividade. A aparente oscilação entre conhecimento e crença é mais uma estratégia de adiamento para protelar o encontro com a Coisa (uma estratégia semelhante à neurose obsessiva). Assim, para Todorov, o fantástico vem de uma falta de certeza, e é dissipado quando a certeza é restaurada. De uma perspectiva lacaniana, o estranho provém de um excesso de certeza, quando a fuga através da hesitação não é mais possível, quando o objeto está próximo demais.

Todorov lida com um corpo de trabalho bem circunscrito, um reino claramente recortado do fantástico. Seu início coincide, grosso modo, com o advento da modernidade e seus antecedentes científicos. Seu fechamento, um tanto surpreendente, coincide com o advento da psicanálise: "A psicanálise substituiu (e, desse modo, tornou supérflua) a literatura fantástica" (TODOROV, 1973, pp. 168-169). O que aparecia indiretamente atrás do fantástico pode ser tratado diretamente pela psicanálise. Então, a psicanálise parece ser a mais fantástica de todas as histórias fantásticas — a derradeira história de horror.

Tal conclusão parece bastante abrupta, mas há um sentido em que podemos concordar. A psicanálise foi a primeira a assinalar sistematicamente a dimensão do estranho enquanto pertencente ao próprio projeto da modernidade não para fazê-la desaparecer, mas para mantê-la, deixá-la aberta. É verdade que a literatura moderna teve de desenvolver outras estratégias para lidar com isso, como observa Todorov[14]. Mas o que atualmente é chamado pós-modernismo — e essa é uma maneira de desemaranhar a crescente confusão em torno deste termo — é uma nova consciência acerca do estranho enquanto uma dimensão fundamental da modernidade[15]. Isso não implica um ir além do moderno, mas uma consciência de seu limite interno, de sua cisão,

[14]Todorov dá o exemplo paradigmático da "metamorfose" de Kafka, em que a fonte do estranho é, na verdade, a própria ausência de efeitos estranhos após qualquer evento estranho: o sobrenatural é tratado como natural, tornando-se "duplamente" estranho (1973, p. 183). Poderia ser adicionado aqui também Joyce quando usa a estratégia inversa em *Ulisses*: os eventos cotidianos comuns de um dia inteiramente "sem incidentes" em Dublin são dotados da dignidade da Coisa por seu complexo tratamento através da linguagem: o natural torna-se "sobrenatural".

[15]Novamente, é a cultura popular que demonstra a maior sensibilidade a essa mudança pela insistência e por "trabalhar através" das "fantasias fundamentais". O "retorno ao estranho" da atualidade parece ser um elemento predominante.

que estava lá desde o início. O objeto *a* de Lacan a pode ser visto como a sua mais simples e radical expressão.

Referências

BALDICK, C. *Frankenstein's Shadow* [*A sombra de Frankenstein*]. Oxford: Oxford University Press, 1987.

BLUMEL, E. "L'hallucination du double" ["A alucinação do duplo"], *Analytica* 22 (1980).

CIXOUS, H. "*La Fiction et ses Fantames: Une lecture de l'Unheimliche de Freud*" ["A ficção e seus fantasmas: Uma palestra sobre o Estranho de Freud em *Poética*], In *Poétique* [*Poética*] (1972), vol. 10.

DONALD, James. "The Fantastic, the Sublime and the Popular; or What's a Stake in Vampire Filmes?", In: *Fantasy and the Cinema* [*Fantasia e cinema*]. Ed. por James Donald (Londres: British Film Institute, 1989).

HOFFMAN, E.T.A. *Tales of Hoffmann* [*Contos de Hoffmann*]. Harmondsworth: Penguin Books, 1982, pp. 117 e 118.

FREUD, S. "Interpretation of the Dreams" ["Interpretação dos sonhos"]. In *The Standard Edition of the Complete Psychological Works The Standard Edition of the Complete Psychological Works of Sigmund Freud* [*Edição padrão das obras psicológicas completas de Sigmund Freud*], ed. James Strachey, vol. IV. Londres: Hogarth Press, 1955.

___________. "Jokes and their Relation to the Unconscious" ["Piadas e sua relação com o inconsciente], *Op. cit.*, vol. VIII. Londres: Hogarth Press, 1955.

___________. "The 'Uncanny'" ["O estranho"] *Op. cit.*, vol. XVII. Londres: Hogarth Press, 1955).

GRAVES, R. *The Greek Myths* [*Os mitos gregos*], 2 vols. Harmondsworth: Penguin, 1960.

LA METTRIE, J.O. *L'Homme-Machine* [*O Homem-máquina*]. Paris: Denöel Gonthier, 1981).

LECERCLE, J.-J. *Frankenstein: mythe et Philosophie* [*Frankenstein: mito e Filosofia*]. Paris: P.U.F., 1988.

LÉVI-STRAUSS, C. *Structural Anthropology* [*Antropologia estrutural*]. Chicago: University of Chicago Press, 1983.

MANNONI, O. *Clefs pour L'Imaginaire ou L'Autre scène* [*Chaves para o imaginário ou A outra cena*]. Paris: Seuil, 1969.

MILLER, K. *Doubles* [Duplos]. Oxford: Oxford University Press, 1985.

MORETTI, F. *Signs Taken from Wonders*. Londres: Verso, 1983.

POE, E.A. *Selected Writings* [*Escritos selecionados*]. Harmondsworth: Penguin, 1979.

RANK, O. *The Double: A Psychoanalytic Study* [*O duplo: um estudo psicanalítico*]. Londres: Karnac-Maresfield Library, 1989.

SHELLEY, M. *Frankenstein*, In *Three Gothic Novels* [*Três romances góticos*]. Harmondsworth: Penguin, 1979.

TODOROV, T. *The Fantastic: A Structural Approach to a Literary Genre* [*O fantástico: Uma abordagem estrutural de um gênero literário*]. Ithaca: Cornell University Press, 1973.

ŽIŽEK, S. *Looking Awry: An Introduction to Jacques Lacan through Popular Culture* [*Parecendo torto: uma introdução a Jacques Lacan através da cultura popular*]. Cambridge: MIT Press, 1991.

Sobre o autor

Mladen Dolar, é de Maribor, na Eslovênia, é pesquisador sênior do Departamento de Filosofia da Universidade de Ljubljana (Eslovênia), e professor de Filosofia pela European Graduate School (EGS). A área de pesquisa de Dolar está entre a filosofia clássica alemã, o Idealismo alemão, teoria psicanalítica, estruturalismo, e filosofia da música e filme. Também é conhecido pelas obras A Segunda Morte da Ópera [Opera's Second Death] (com a co-autoria de Slavoj Žižek, Routledge, 2001) e A voz e nada mais [A Voice and Nothing More] (MIT Press, 2006).

8. O melô da Cracolândia

Rodrigo Alencar

Night creatures call
And the dead start to walk in their masquerade
There's no escaping the jaws of the alien this time
(They're open wide)
This is the end of your life

Thriller
Composição: Rod Temperton
Intérprete: Michael Jackson

"Essa aqui é o melô da Cracolândia, escuta só!" Era o que dizia, empunhando o violão, um paciente de um Centro de Atenção Psicossocial ao palhetar os primeiros acordes de *Thriller*, um dos grandes sucessos do astro pop Michael Jackson. A aproximação entre zumbis e usuários de drogas não tem nada de original. É, inclusive, mais que comum, e já foi utilizada inclusive por campanhas antidrogas criadas por agências de publicidade e ONGs. No entanto, o que interessa dessa fala é ela ser emitida por um usuário de *crack* em tratamento, que ao fazer a piada desvela uma representação da Cracolândia. O usuário, ex-frequentador assíduo da Craco[1], busca a empatia de quem o trata se utilizando de uma representação midiática, situando-nos em um solo comum onde uso de drogas e desumanização se mesclam de modo a dificultar a separação entre a coisa, o *crack*, e sua representação, o *crackeiro*.

A associação entre drogas, ausência de vontade própria e incapacidade de escolha atravessa as representações sobre o *crack* nas mais variadas classes sociais ou posicionamentos dentro do espectro político. A colagem entre vício e incapacidade de tomar decisões razoáveis não é recente na nossa história. Difícil abordar sua origem, ainda que já existisse um julgamento moral a respeito daqueles que, na dificuldade de lidar com suas paixões, sucumbem ao que é chamado vício. O discurso de Pausânias, presente em *O banquete*, destaca as diferenças entre as paixões que são nobres e as que são próprias à degeneração do vício. Na fala de Pausânias, a degeneração se encontra na sedução do poder político e no fascínio pela posse de bens. No entanto, o problema posto por Pausânias se encontra em uma atividade enquanto fim, seja ela o sexo ou o vinho. Se não for em busca da virtude, é condenável. Ou seja, a prática é enaltecedora ou condenável, dependendo de sua finalidade. Nada é condenável em si, somente o que é contraposto à sua.

Agora vamos distorcer a ideia de virtude presente naquela época para nosso tempo. Numa perspectiva de considerar o

[1]Apelido daqueles que trabalham ou frequentam a região da Cracolândia.

que é valoroso socialmente, podemos considerar que nossa virtude se encontra em nossas capacidades produtivas a partir da venda da força de trabalho, legalizada ou não, via corporação ou individualmente. A condição de só consumir, sem a atividade produtiva, constitui roubo ou vida abastada, dado o reconhecimento, ainda que problemático, porém efetivo, de nosso sistema econômico. Os que ocupam a condição de abastados detêm, não só pelo sistema jurídico, mas também pela moral social, um reconhecimento de legitimidade de sua condição. Já os outros serão combatidos como aqueles que produzem risco para o funcionamento social.

A questão que se tece para nós é: por que usuários de drogas são vistos — e muitas vezes veem a si mesmos — como zumbis? As associações entre uso de drogas e parasitismo, ausência de controle, contaminação em massa e catástrofe foram se compondo ao longo do século XIX e XX. Por isso, neste texto abordaremos esse histórico em três capítulos: (1) contaminação — o início do uso de substâncias em massa e o surgimento das drogas enquanto um problema social; (2) estado de sítio — a resposta do Estado à ameaça de desordem e as práticas de opressão e cerceamento daqueles que são considerados ameaças; e (3) sobreviventes — o possível descolamento do medo diante um cenário desolador.

Contaminação

A diferenciação entre drogas e alimentos é algo que só pode ser feito a partir da era moderna. Isso porque diversas substâncias ocuparam um território no misto, no qual, dependendo da época e do contexto, seu uso era assimilado de formas diferentes. Na História antiga, um dos remédios mais populares era o sal (SCHIVELBUSCH, 1993). Seu uso se aplicava a múltiplos sintomas. Assim como ele, muitas outras substâncias viriam a ocupar o lugar de panaceia. Ocorre que uma divisão e pormenorização das recomendações e contraindicações das substâncias irá ganhar espaço e desenvolvimento na Ciência moderna.

Ainda que o referencial discursivo da solução química enquanto panaceia continuará a existir, esse referencial se abrigará em meio a uma ampla gama de substâncias, ocupando um espaço relativo e sendo circunscrito com mais precisão ao longo do tempo. Assim, o uso de drogas médicas baseadas na mensuração estatística de seus efeitos é algo próprio do século XIX. Antes desse século, aquilo que chamamos medicamentos eram substâncias que serviriam para toda uma gama de sintomas e padecimentos (COURTWRIGHT, 1952). Portanto, será essa pormenorização presente no método científico que destituirá uma aura em torno de certas substâncias para que elas ocupem o âmbito ordinário do cotidiano em sua versão meramente útil.

Se pudermos supor o que possibilitou que as drogas fossem tão potentes e presentes em nossa sociedade, isso se dá por seu caráter utilitário. As máquinas da revolução industrial imprimiram nos homens e nas mulheres uma nova relação com o tempo e toda uma organização em torno da dimensão do que pode ser considerado útil ou inútil. Assim, a lógica do aproveitamento do tempo, bem como do corpo inserido nesse tempo, passa a ser uma das variáveis mais importantes na organização social moderna. Nesse processo, não podemos ignorar o papel das drogas, conforme destacado por Vargas (2008) quando aborda o uso de drogas na História do Ocidente:

> O tabaco e as bebidas alcoólicas tornam mais suportáveis a crescente (o)pressão disciplinar e as precárias condições de vida que se abatem sobre os mais pobres ao entorpecê-los. Enquanto isso, o açúcar, rico em calorias, além de fornecer energia indispensável para o trabalho, adoça tudo aquilo com que ele se mistura. (VARGAS, 2008, p. 48)

Nesse período histórico, testemunhamos que drogas passam a operar como elementos que servem enquanto suplementos diante da impossibilidade das exigências relacionadas ao trabalho produtivo. Um dos relatos mais vívidos e aterradores de uma condição de consumo de drogas desenfreado em centros urbanos é bem descrito por Friedrich Engels, o jovem de família proprietária de indústria têxtil, que narra situações que são identificáveis e semelhantes a grandes centros de trabalho produtivo até hoje.

O contexto retratado por Engels apresenta algumas características similares às grandes obras faraônicas nos dias atuais. Dentre essas características, podemos destacar uma grande massa de recém-imigrados em busca de trabalho que se instalam sob condições precárias em regiões onde não há qualquer atividade cultural ou educacional, compondo um território que será dividido entre o trabalho pesado e a catarse proporcionada pelo álcool e pela violência. Nesse cenário, essa catarse será o único contraponto ao registro da mera sobrevivência, em que o trabalho não alcança uma função social que permita uma sociabilidade que vá além das necessidades. Assim, Engels aborda um proletariado inglês paupérrimo e adicto em álcool — que, em seu relato, não é muito diferente dos usuários presentes em contextos semelhantes nos dias atuais:

> O panorama [de Manchester] é o mesmo em todas as outras grandes cidades. E quando pensamos que, além das consequências do alcoolismo, homens e mulheres de todas as idades, até mesmo mulheres com filhos pequenos nos braços, encontram-se nas tabernas com as vítimas mais degradadas do regime burguês, ladrões, escroques, prostitutas, quando pensamos que é comum as mães darem álcool aos pequenos que ainda têm nos braços, não podemos deixar de reconhecer que a frequência a esses locais favorece a degradação. É principalmente nos sábados à noite, quando os salários são pagos e o trabalho termina um pouco mais cedo, quando a classe operária sai de seus bairros miseráveis e se lança às ruas principais, que se pode constatar a embriaguez em toda a sua crueza — nessas noites, raramente se sai em Manchester sem encontrar uma multidão de bêbados, cambaleantes ou jazendo nas valetas; nos domingos, embora em menor escala, a cena se repete. E quando o dinheiro acaba, os alcóolatras vão à primeira casa de penhor que encontram e deixam ali tudo o que lhes resta. (ENGELS, 1845, p. 165)

O que vemos como mais macabro são as semelhanças do relato de Engels com uma matéria de jornal de 2012. No lugar do álcool, o *crack*. A cidade de Jaci-Paraná, em Rondônia — com a grande mudança da vida local após o início da construção da usina de Jirau —, conta com mais de sessenta prostíbulos e uma espiral de violência e uso de drogas (BOECHAT, 2012)[2]. Surpreende que, com tantas mudanças na economia mundial, assim como de inúmeros avanços tecnológicos, encontremos contextos tão semelhantes. Mais de 150 anos depois e ainda se veem relatos como o seguinte:

> O problema é que muitos dos migrantes que foram tentar a sorte no canteiro de obras perdem o emprego, mas não largam o vício. "Muitos desses trabalhadores demitidos já estão dependentes e nem conseguem voltar para casa, ficam por aqui mesmo e acabam com o dinheiro da rescisão em dias, só consumindo *crack*", diz Alda Lopes, diretora do Centro de Referência em Assistência Social de Jaci-Paraná. "Antes, ainda tinham algum tipo de respeito, mas agora, que vivem por aí, fumam em qualquer lugar, não se preocupam mais, já perderam tudo mesmo. (BOECHAT, 2012)

Mesmo com substâncias diferentes, o que parece mais crítico, no caráter social, diz respeito à convivência e à vida nas cidades — corresponde mais às circunstâncias nas quais

[2]Disponível em: *http://economia.ig.com.br/na-esteira-do-pac-o-crack-toma-conta-de- vilarejoas-margens-do-r/n1597651377933.html.*

as substâncias são usadas do que especificamente suas propriedades farmacológicas e a interação com o corpo. Desse modo, se podemos afirmar que há um elemento comum na toxicomania como verdadeiro problema social já notado nos séculos XIX e XX, esse elemento é a combinação entre pobreza e drogas de baixa qualidade. Isso, é bom que não nos deixemos enganar, não restringe o problema aos pobres, mas cria um lócus específico que marca a droga simbolicamente como o que há de pior, adensando na substância todos os horrores de um contexto adverso à vida. Se o problema de uma "contaminação" não está numa substância em si, ele já pode ser encontrado em um ambiente que torna a difusão do vício algo muito propício.

A narrativa de Engels (1845) contém outras passagens as quais podem ser comparadas a problemas contemporâneos, dentre elas o esforço de setores da Igreja que buscavam manter os homens e mulheres abstêmios. No contexto de Manchester, as promessas de não beber mais eram contabilizadas na casa dos milhares, no entanto não havia nenhum impacto na convivência local dessas promessas realizadas: em suma, eram apenas promessas.

De acordo com Schivelbusch (1993), as descrições de Engels também poderiam encontrar semelhanças com cenas do período medieval. No entanto, o pesquisador ressalta que o caráter escapista da embriaguez, associado ao contexto de miséria, marca uma diferença fundamental para a condição de alcoolismo generalizado. Em seu trabalho, também aponta para o caráter universal que a utilização do álcool possuía até o período de disseminação de bebidas como o café e o chá. Contudo, o autor apontará como essa mudança ocorre na classe média, mas não nas classes populares, de modo que, para a população mais desfavorecida, o álcool continua protagonizando o lugar de substância privilegiada e com usos diversificados. Isso se dava por aqueles produtos serem mais caros e de difícil acesso para as classes baixas.

Essa dinâmica indica como o consumo crônico de uma substância poderia ser ponderado com o de outras com diferentes efeitos. Ainda que a necessidade de consumir substâncias que produzam efeitos nos humores não recue, sua diversificação pode ser um fator fundamental de proteção do corpo. Nos aspectos que apontamos aqui, isso detém até mesmo uma diferença nas possibilidades de sobrevivência, a depender da classe social.

Dos perigos sobre o uso crônico de uma substância, um deles foi relatado por Engels (1845) como pivô de um alto índice de mortalidade infantil em Manchester: as mortes por convulsão decorriam do uso de álcool para que as crianças ficassem "calmas" em casa, enquanto as mães trabalhavam durante longas jornadas no contexto fabril. Nas palavras do autor,

> o emprego de narcóticos para manter as crianças sossegadas é favorecido por esse sistema infame e, na verdade, está muito disseminado nos distritos industriais. O doutor Johns, chefe do Registro Civil do distrito de Manchester, considera que esse costume é a causa principal dos numerosos casos de morte por convulsão. (ENGELS, 1845, p. 182)

Ainda no século XIX, não só o álcool ganhou notoriedade enquanto problema social. Os derivados do ópio, com o aumento de sua disseminação, passavam a causar constrangimento entre os membros da sociedade europeia: Charles Baudelaire (1860/1998) relata, no prefácio escrito para a sua tradução de *Memórias de um comedor de ópio*[3], de Thomas Quincey, sobre homens que, com o uso do ópio, apresentavam suas fraquezas e causavam constante embaraço dos farmacêuticos. Baudelaire relata que "o número de *amadores* de ópio é imenso e a dificuldade em distinguir as pessoas que fazem com essa substância uma espécie de higiene das que obtêm para fins condenáveis é para eles [farmacêuticos] fonte de embaraços cotidianos" (BAUDELAIRE, 1860/1998, p. 75).

Já ao que corresponde à primeira metade do século XX, temos diversos casos de trabalhadores que recebem drogas como salários. Courtwright (2001) aponta alguns exemplos como o dos adolescentes que trabalhavam em lavouras na Jamaica e recebiam seus salários em *cannabis*; russos que trabalhavam por vodca; ou o caso de estivadores egípcios que recebiam uma quota de ração e dois pacotes de heroína por dia.

Não em função do trabalho, mas da guerra, também encontraremos as drogas como moeda, ainda de acordo com

[3]Texto presente no livro *Paraísos artificiais: o ópio, o haxixe e o vinho*. A escrita desse material se dá pelo contato de Baudelaire com o clube dos hashinshins e pela tradução que o mesmo fez da obra de Thomas Quincey, *Memórias de um comedor de ópio* (1860/1998).

Courtwright (2001): Franco teria pago suas tropas marroquinas com *kif*, uma espécie de pó feito com a resina da *cannabis*. O uso de drogas enquanto moeda, seja na História ou em contextos institucionais, indica algo muito preciso: seu inegável valor de troca e a certeza de seu consumo, visto que não será uma mercadoria que ficará sem destino. Assim, a colagem entre drogas e guerra, para além de seu uso como moeda, sempre deterá aspectos trágicos no que diz respeito à sua utilização maciça por parte de soldados. Não só no trabalho reside o ato de fazer do corpo uma máquina a serviço de outrem, isto é, para se concentrar melhor, ter maior disposição física ou mesmo minimizar o sofrimento psíquico diante dos horrores e da destituição de valores que são preciosos em contextos de paz.

Ao atentarmos para o registro produzido por Engels, compreendemos que os grupos pró-abstinência que ganharam grande notoriedade na virada do século XIX para o século XX, principalmente na América do Norte, atuavam sobre problemas reais por meios e objetivos completamente equivocados. Não muito diferente do que ocorre no momento atual, culpavam-se as substâncias, ignorando as variáveis que compunham o impulsionamento de um uso com características escapistas devido ao contexto no qual se vivia.

Se, na História antiga, como entre os gregos, saber dominar a embriaguez poderia funcionar como um medidor de moralidade (CARNEIRO, 2010), na modernidade a colagem entre um sujeito e determinadas substâncias já são o suficiente para condená-lo moralmente. Parte de uma seletividade dentre as substâncias toleráveis ou não habita algumas variáveis que as classificarão como aceitáveis ou inaceitáveis. Dentre essas variáveis podemos classificar a facilitação ou não do trabalho, assim como o intervalo de tempo entre o uso crônico e o aparecimento de danos corporais, independentemente desses danos serem graves ou não.

Nesse caso, o álcool talvez figure como uma das substâncias mais bem quistas na sociedade a partir da revolução industrial. O lento aparecimento de suas graves consequências fez do operário, situado nas sociedades modernas, forte candidato a passar a vida bebendo de modo crônico para vivenciar os danos de seu uso prolongado somente no período de declínio de sua idade produtiva. No trabalho intitulado *O acolhimento a usuários de drogas nos serviços de CAPS A.D.* (ALENCAR, 2008), ao menos dois profissionais de serviços de atenção psicossocial da cidade de São Paulo apontavam para um alto fluxo de pacientes alcoolistas já no início da idade possível para aposentadoria.

O modo de compartimentar substâncias entre condenáveis ou aceitáveis — e até mesmo estimuladas — se inserirá em um desenvolvimento das tecnologias farmacêuticas com sua produção já em escala industrial. Assim, diversas substâncias ainda toleradas na primeira metade do século XX passarão a ser proibidas ou controladas mais rigidamente pelo Estado. Nesse período de profusão de panaceias, a cocaína, difundida em larga escala pela grande farmacêutica Merck, chegou às mãos de um jovem médico, denominado Sigmund Freud, por meio de uma ação de divulgação do medicamento (MARKEL, 2012). Posteriormente Freud (1885) publicará avaliações da substância produzida por um laboratório concorrente: Parke, Davis & Co., atualmente integrante da companhia farmacêutica Pfizer.

Courtwright (1952) chega a elencar quatro desenvolvimentos — próprios da segunda metade do século XIX e da primeira metade do século XX — que comporiam uma revolução psicoativa:

> [...] quatro desenvolvimentos da área médica aceleraram uma revolução psicoativa, aumentando a ansiedade frente às consequências sociais do uso de drogas: o uso de alcaloides, como morfina e cocaína, o desenvolvimento da medicação hipodérmica, a descoberta e manufatura de drogas sintéticas, como o hidrato de cloral[4], e a descoberta e manufatura de derivativos semissintéticos como a heroína. (COURTWRIGHT, 1952, posição 1336)

Esses desenvolvimentos proporcionaram uma disseminação de substâncias que colocavam os médicos em posições vulneráveis no que diz respeito à capacidade de moderação dos pacientes, de modo que se utilizavam de estratagemas para evitar que os pacientes se dosassem de forma incorreta. Desse modo, médicos evitavam fornecer informações aos

[4]O hidrato de cloral tem seu uso mais popular no Brasil enquanto sonífero. É a substância utilizada no golpe para roubos e estelionatos chamado "Boa noite, Cinderela".

pacientes e, por diversas vezes, dispendiam grande parte de suas consultas advertindo os pacientes sobre os riscos de abuso de substâncias, mesmo que fosse café ou álcool. Uma expressão destacada por Courtwright (1952) sobre esse período demonstra como os médicos se referiam aos pacientes, chamando-os *damn fools*[5]. Tais expressões eram dedicadas aos pacientes que cediam aos excessos, não respeitavam a dosagem recomendada e, por vezes — ao imaginar que as medicações fossem inofensivas —, passavam a ingeri-las como se fossem amendoins. Nesse processo já temos pistas de como o saber médico se embaraçava diante de algo que se apresentava como não-racional.

O próprio Freud protagonizou um episódio dramático dessa ordem ao tratar seu colega de trabalho e amigo Enst Von Fleischl-Marxow, figura que era de sua grande estima. Após um acidente em um procedimento de autópsia, o amigo de Freud sofre de uma infecção decorrente de um corte que faz no próprio dedo; as dores decorrentes da infecção e o agravamento do quadro de Fleischl fazem-no dependente de morfina. Freud é indicado para tratá-lo e, numa ação convicta e condizente com o que escrevera seu artigo *Sobre a coca* (1884), passa a ministrar cocaína em Fleischl, de modo que, pouco a pouco, o paciente substitui a morfina pela cocaína enquanto seu objeto privilegiado de adicção. Fleischl morre por decorrências de complicações da infecção, sendo fato

[5]"Malditos tolos", em tradução nossa.

reconhecido que a cocaína teria contribuído para uma aceleração da piora do quadro clínico do paciente.

Posteriormente, em uma resposta às críticas de Erlenmeyer[6] sobre a cocaína, o futuro pai da psicanálise alegou que os problemas de cocainismo constatados por Erlenmeyer decorriam de erros no cálculo da quantidade ministrada. No mesmo artigo, Freud atribuirá o "envenenamento cocaínico" — caracterizado por pulso acelerado, delírio, insônia — como consequências de uso excessivo, mais comum nas injeções subcutâneas, método que Freud recomenda abandonar (FREUD, 1887/1989)[7].

Ainda nesse artigo, Freud tece dois comentários indiretos sobre Fleischl: no primeiro, diz que seu fracasso se deu por tentar "exorcizar o diabo por intermédio de Belzebu"; no segundo, tece o argumento de que, "em todos os casos de adoção da cocaína e da deterioração consequente, tratavam-se de morfinômanos, pessoas que, nas garras do demônio, tinham a vontade tão debilitada que desperdiçaram qualquer estimulante que pudesse ajudá-los" (FREUD, 1887/1989, p. 110). Aqui, no debate acadêmico, a associação entre drogas e mal já estava presente.

Desde a sua aposta na cocaína até o debate permeado de questões morais que se sucede, Freud se vê no centro de um contexto que o mesmo revelaria mais tarde como

[6]Químico, crítico de Freud, será apresentado mais adiante.
[7]Um dos itens apontados por Courtwright como parte da revolução psicoativa: a medicação hipodérmica.

embaraçoso, do qual teria pressa em se livrar (GAY, 1989). Esse breve episódio insere Freud no conjunto de médicos já citados acima, a saber, os que tinham sérias dificuldades com a forma como os pacientes que se automedicavam.

Episódios como este na história moderna não são raros, e o psicanalista Charles Melman (1992) irá sustentar a posição de que qualquer um está sujeito a se tornar adicto em nossa sociedade — seja em função de um procedimento médico ou de uma contingência vivida nas relações sociais.

Nesse sentido, não podemos negar que há uma divergência de discursos entre a propaganda farmacêutica e as restrições médicas a respeito de diversas substâncias — como foi o caso da cocaína, difundida no fim do século XIX —, de modo que, a partir da discursividade médica, há todo um problema em torno de regulação e controle da dosagem utilizada pelos pacientes (COURTWRIGHT, 1952/2002). Já pela discursividade própria à indústria farmacêutica enquanto modelo de negócio, a promoção de substâncias costuma recorrer à imagem da panaceia ou de pílulas milagrosas (ESCOHOTADO, 1989/1998).

Tal divergência teve, por vezes, entrecruzamentos delicados, momentos nos quais se busca um alinhamento discursivo entre indústria e saber técnico. Merck, o fundador do laboratório que leva seu próprio nome, chegou a escrever um artigo propagandístico enaltecendo e exagerando os benefícios elencados por Freud. Nesse artigo, Merck afirmava que, graças à cocaína, seria possível prescindir das instituições para alcoolistas e chegar a uma cura radical em dez dias

(ESCOHOTADO, 1989/1998). Logo em seguida, o laboratório Parker & Co. também se aproveitou do nome e do artigo de Freud, citando-o em uma propaganda.

Assim como com a cocaína, curiosamente, o século XX teve outras substâncias oferecidas como panaceias, tais como compostos a base de ópio — que eram usados como remédios para tosse ou para amenizar resfriados — ou um composto a base de heroína, promovido pela Bayer. Outro caso que chama a nossa atenção é o da anfetamina, no início vendida como descongestionante nasal. Em 1946, anfetaminas eram recomendadas para 39 sintomas, incluindo soluços e dependência de cafeína (COURTWRIGHT, 1952/2002).

Estado de sítio

A lógica entre o que é proibido e o que é vendável é realmente difícil de ser assimilada na medida em que acompanhamos a história da proibição de algumas substâncias e da promoção de outras, sendo que, às vezes, como nos exemplos acima, temos praticamente uma alternância. Uma interpretação interessante parte do trabalho de Carneiro (2008), que afirma que, na passagem do século XIX para XX, ocorre uma priorização da extensão da vida em detrimento de sua intensidade. De modo que o excesso e, de certo modo, a experiência de intensidade — que, em um momento pré-moderno, é visto como experiência necessária à composição de um saber sobre si (CARNEIRO, 2010) — passa a ser criminalizado e combatido. Algumas substâncias, curiosamente, serão vistas e interpretadas como se carregassem o uso excessivo como uma característica própria. Sobre isso veremos circular discursos midiáticos com subsídios da opinião médica, caracterizando certas substâncias como altamente viciantes.

O que é curioso do episódio de Freud com a cocaína no século XX é que, dentre os seus críticos, o químico Emil Erlenmeyer, junto com o farmacólogo Louis Lewin, foram os primeiros a atribuir ares demoníacos para substâncias psicoativas dentro do debate científico moderno, chegando a usar, de modo generalista e pejorativo, um termo que viria a se popularizar na sociedade ocidental: "droga" (ESCOHOTADO, 1989/1998).

A proibição da cocaína em território americano, sede do laboratório que abasteceu Freud, viria em 1906 restringir essa substância ao uso medicamentoso. Já em 1912, na segunda convenção internacional realizada em Haia para discutir o tema, o ópio, a morfina e a cocaína só poderiam ser considerados legais mediante receita médica (1989/1998). Desse modo, essas substâncias passavam a sofrer um cerceamento e a sua utilização dependeria do reconhecimento de sua validade científica — o que, certamente, considerando o debate supracitado, contribuiu para que o uso de cocaína fosse diminuindo para ter um significativo aumento somente a partir da década de 1960. No entanto, o que ocorre é que, desde o início do século XX, inicia-se uma escalada de proibição e violência diretamente exercida pelo Estado sobre possíveis usuários e comerciantes. Estima-se que, em 1927, nos Estados Unidos, havia pelo menos 10 mil presos relacionados às drogas; dentre esses, boa parte formada por médicos e farmacêuticos devido a opiáceos e cocaína (1989/1998).

Ao longo do último século, ocorreram sucessivos encontros de líderes de nações nos quais a proibição e o combate às drogas foram ganhando cada vez mais espaço no jogo da geopolítica internacional. Esses encontros, principalmente impulsionados pela política internacional americana e sua subsequente guerra às drogas (ESCOHOTADO, 1989/1998; RODRIGUES, 2003), tiveram efeitos nefastos para a segurança e a saúde de diversas populações no mundo, sendo a América Latina principal região afetada — algo que abordamos na dissertação de mestrado (ALENCAR, 2012). Somente em meados do início da segunda década do século XXI é que teremos o início de alguma ponderação no debate e contramedida no atual órgão com maior incidência de governabilidade nos Estados do mundo, a saber, o relatório anual sobre drogas e crime produzido pela ONU, que, em 2013, pela primeira vez incluiu em suas linhas, por meio de uma crítica ainda que suave, os mortos e encarcerados produzidos pela guerra às drogas (UNODC, 2013).

Erlenmeyer, ao acusar Freud de defender o terceiro flagelo da humanidade, utiliza-se de um referencial bíblico para classificar as drogas dentre as maldições que afligiriam a humanidade. Não é por menos que as drogas e os filmes de ficção científica recheados por zumbis acabam por compartilhar um léxico comum. Esse léxico participa de cenário com ares apocalípticos.

No Brasil, uma grande parcela da política de atenção às drogas seguiu a cartilha internacional de abordagem do problema, optando pelo foco na questão das drogas pela lente da segurança pública. Porém, no início do século XX, assim como nos EUA, boa parte da preocupação relacionada ao uso de substâncias e segurança pública estava relacionada ao abuso de álcool. No Brasil, as organizações Liga Antialcoólica de São Paulo, Liga Paulista de Profilaxia Mental e Sanitária, Liga Brasileira de Saúde Mental e União Brasileira Pró-Temperança davam o tom das ações assistenciais e higienistas frente aos problemas relacionados com o consumo de álcool (MACHADO & MIRANDA, 2007).

Como exemplo da produção de regulamentações e diagnósticos, destacamos que a paixão pela cachaça, acompanhada de perambulações e sumiços nas vielas e bares cariocas, promoveu Lima Barreto a um dos emblemáticos objetos de inscrição da psiquiatria eugenista no Brasil. Assim, sua pele mulata amargou longos períodos de reclusão no cemitério dos vivos. Visto que seus porres foram entorpecidamente compreendidos como decorrentes de sua debilidade moral e falha de caráter, só viabilizada enquanto produto trágico da mistura de raças (ARANTES, 2008), segundo o psiquiatra Juliano Moreira, é notável uma preocupação com a produtividade dos homens e:

> [...] sendo grande o número de alcoolistas que sobrecarregam o erário com uma despesa inútil, visto como muitas vezes somos obrigados a mantê-los aqui porque sabemos

> que, mesmo cessado o delírio, o dia da alta é frequentemente a véspera da volta ao carro de polícia, faz-se preciso crer nas colônias do Estado uma seção para tais doentes, muitas vezes excelentes trabalhadores quando isentos de álcool. (MOREIRA *apud* ARANTES, p. 4, 2008)

Era notório que, na passagem do século XIX para o século XX, já houvesse a discussão sobre uma ala para quem tivesse problemas com drogas. Assim, Moreira, implicado em identificar as causas do alcoolismo identificado em negros e mulatos, supõe um "fator de degeneração mental dos negros à alta absorção de álcool durante as viagens dos navios negreiros vindos da África" (ARANTES, 2008).

Entretanto, a história entre o negro e o alcoolismo não se restringe aos navios. Podemos constatar que o relato de Juliano Moreira faz um registro histórico da violência na escravatura e uso de drogas no Brasil. Segundo Arantes, Moreira relata que:

> [...] o alcoolismo forçado foi um dos recursos mais eficazes dos colonizadores para manter a ordem e a disciplina dos negros desobedientes e revoltados. O álcool, ingerido em grandes quantidades, servia para abrandar o sofrimento dos negros nas penosas viagens pelos mares, assim como anulava a "agressividade inata" dos negros africanos. (ARANTES, 2008)

Essas passagens podem ser consideradas como retratos da história da saúde mental brasileira. O artigo de Marco

Antonio Arantes evidencia o tom das preocupações e políticas de acento racista que marcaram o começo do último século no Brasil. Curiosamente, a substância em jogo é essa que até hoje detém alto níveis de consumo e ampla publicidade no mercado. Entretanto, essas passagens revelam uma preocupação com a ordem pública, marcada historicamente pelo decreto nº 206, assinado em 1890. Esse decreto determinava que "todo cidadão que perturbasse a ordem pública, a moral e os costumes seria internado em asilos públicos" (*Ibidem*). Portanto, no Brasil, o motivo para reclusão dos bebedores de álcool estava antes abertamente ligado à ordem pública, diferente das justificativas que apelam à saúde de quem bebe.

Já a primeira lei de proibição de uma substância ilícita no Brasil surge 21 anos depois, datando de 1911. Sua implementação ocorre devido à adesão do Brasil ao Congresso de Haia, no qual os países participantes, acordaram a proibição do ópio e uma rígida regulamentação da morfina. Porém, só no ano de 1971 surge uma nova lei sobre drogas com fortes aportes da psiquiatria brasileira e escrita com a finalidade "abrir as portas assistenciais do Estado aos dependentes de drogas" (BITTENCOURT *apud* MACHADO & MIRANDA, 2007). Em 1976, essa lei é modificada, com substituição do termo "viciado" por "dependente de drogas" (MACHADO & MIRANDA, 2007).

Desde esse período até os dias atuais, o Brasil ainda sofre de um sério obscurantismo no que é referente às diferenciações entre usuário e traficante. Podemos tomar por exemplo, em 1998, a criação da SENAD[8] — na época, Secretaria Nacional Anti-Drogas, atual Secretaria Nacional de Política Sobre Drogas — apontando para um reforço das imbricadas questões no âmbito da atenção e, principalmente, repressão às drogas. Curiosamente, a criação dessa secretaria, anunciada em uma sessão especial de uma Assembleia Geral das Nações Unidas, foi alocada especificamente no Gabinete Militar da Presidência da República, hoje denominado Gabinete de Segurança Institucional da Presidência da República. Ainda que exista por parte do poder público um reconhecimento de que as drogas podem ser tratadas como questão social, cultural e de saúde, essa alocação, cambiada somente em 2011 para a Secretaria de Justiça, pode indicar como as drogas ainda são tratadas prioritariamente no Brasil. A abordagem dessa questão ainda se mantém majoritariamente como *assunto de polícia*.

Se atentarmos para a passagem de pouco mais de um século, o decreto de 1890 ainda parece ecoar, situando a questão das drogas como altamente ameaçadora à ordem pública. Por mais que mudem as leis, podemos afirmar que essas continuam sob regência dos mesmos significantes.

Ainda que o panorama não seja dos mais promissores, em 2003 foram iniciadas mudanças significativas em relação à atenção de saúde no país, ano de que data a publicação de "A política do Ministério da Saúde para a atenção integral a

[8]Secretaria Nacional de Políticas Sobre Drogas.

usuários de álcool e outras drogas" (BRASIL, 2004), trazendo dados com enfoque na questão da saúde pública e reconhecendo o lugar do álcool, enquanto substância lícita, como um grave problema. Esse movimento possibilitou a criação dos serviços denominados CAPS A.D., que configurou, após mais de vinte anos de luta antimanicomial, a criação dos primeiros serviços de Atenção Psicossocial em meio aberto. Esse serviço, com exceção dos serviços de cunho religioso disponíveis, foi apresentado como a primeira possibilidade não restritiva de atenção ao problema do abuso e da dependência de substâncias como uma questão específica na saúde pública.

Entretanto, a questão das drogas na política brasileira, não deu passos significativos para avançar quanto às expectativas e posicionamentos frente ao problema, dado que no decorrer dos embates no campo político concernente à Saúde Mental, a questão das drogas permaneceu sob uma regulação tradicionalmente pineliana[9]. Em contraste com as posições mais conservadoras no atendimento aos usuários de drogas, as experiências de Redução de Danos passaram a ser aplicadas no Brasil desde 1989 (NARDI E RIGONI, 2005) sob fortes confrontos judiciais e morais. Desse modo, foram se estabelecendo, pouco a pouco, políticas de troca de insumos, além do princípio de não condenação moral do usuário, priorizando o respeito às suas escolhas e a atenção à sua saúde.

[9]Consideramos o modelo de tratamento pineliano como aquele que prioriza a organização e o ordenamento da rotina sob regime de internação com o intuito de ajudar a "organizar" o psiquismo do paciente.

Também cabe salientar que essas iniciativas sofreram duros golpes dos setores conservadores do Estado. Dentre esses golpes, podemos destacar diversos processos jurídicos por crime de apologia. Essas barreiras fizeram com que a implementação de tais políticas constituísse uma verdadeira batalha, em que cada avanço, quando conquistado, permanecia sob ameaça de recuo e isolamento por parte do poder público.

Esse movimento não ficou ileso ao grande destaque dado ao *crack* em meio às matérias de grandes órgãos de mídia e, consequentemente, à sua inclusão nas pautas de campanhas eleitorais. Para demonstrar o aumento da frequência do *crack* na mídia brasileira, realizamos uma busca em um portal de um jornal *on-line* de grande circulação nacional[10].

Nesse portal, entre o dia 1/1 ao dia 31/12 de 2000 foram localizadas 94 matérias que continham a palavra *crack*[11]. Esse número faz significativo contraste com as 292 notícias localizadas em uma busca entre o dia 1/1 até 30/11 de 2011. Esse aumento em mais de 100% do número de matérias sobre o *crack* nos possibilita questionar frente a quais critérios editoriais o tema ganhou tal espaço, apresentando notícias ligadas ao uso de *crack* e violência, que, se fossem apresentadas

[10]Não citamos o nome do jornal por não termos realizado o mesmo levantamento em outras fontes. Serve como exemplo para enriquecimento da análise, e não como dado estatístico.

[11]Nessa pesquisa houve o cuidado de verificar se a palavra estava sendo usada em referência à droga para evitar o erro de contabilizar matérias que dissessem respeito à crise financeira enquanto "*crack* na bolsa de valores" ou referências a jogadores de futebol.

sob o mesmo formato, relatando uso de álcool, causariam um fluxo de matérias infindáveis.

Esses dados mostram como, por meio de veículos de mídia, é possível incluir um tema como central no debate político. O clamor suscitado pelo pavor da *epidemia do crack* possibilitou um coro de setores mais conservadores que exigiam, e continuam a exigir, medidas mais firmes do poder público. Essas medidas, em sua grande maioria, envolvem internações compulsórias e abertura de clínicas de internação financiadas pelo poder público. No entanto, um dado curioso é que esse movimento está submetido, às vezes em paralelo, às vezes em posição antagônica, a um pressionamento por parte de setores da sociedade civil organizada que pedem a legalização ou descriminalização de drogas consideradas mais leves, como a maconha[12].

Em 2006, o Brasil reformulou as sanções penais aos usuários, mantendo o porte como crime, mas não mais passível de reclusão, tendo como medida judicial prioritária o encaminhamento para tratamento compulsório. Nessa nova lei[13] também não está presente qualquer referenciamento a quantidades em que garanta ao indivíduo autuado em flagrante o *status* de usuário, permanecendo, assim, uma nebulosidade entre uso e tráfico, possibilitando que adolescentes

[12]Em maio de 2011, o Superior Tribunal Federal autorizou a realização de marchas que defendam a legalização ou descriminalização da maconha. No mês seguinte, houve uma passeata composta por 1.500 pessoas denominada *marcha da maconha*.

[13]Lei nº 11.343, de 23 de agosto de 2006.

e adultos continuem a ser detidos em reclusão sob o crime hediondo denominado "tráfico ilícito de entorpecentes"[14].

Até o momento atual, políticos em campanha eleitoral incluíram em seus discursos o alto grau de periculosidade da substância e esclareceram que em seus governos o "combate ao *crack*" seria prioridade. Tal evento decorre do aumento da abordagem do tema por parte dos veículos de mídia e do entendimento de uma expansão do uso da substância pelo país. Acompanhando tal expansão, um aparente aumento da violência, principalmente entre varejistas e usuários (SAPORI, 2010).

Sobreviventes

Ao retomarmos a fala do usuário com o qual nós iniciamos este artigo, podemos afirmar que há consciência por parte de um usuário de *crack* do olhar que recebe dos passantes. Ele sabe muito bem em qual lugar está, justamente no lugar de dejeto[15], já que a imagem do *noia* é um lugar social demarcado que pode ser visto por qualquer um. Esse processo se dá pelo reconhecimento que é efetuado pelos membros da

[14]Art. 33. Importar, exportar, remeter, preparar, produzir, fabricar, adquirir, vender, expor à venda, oferecer, ter em depósito, transportar, trazer consigo, guardar, prescrever, ministrar, entregar a consumo ou fornecer drogas, ainda que gratuitamente, sem autorização ou em desacordo com determinação legal ou regulamentar. Pena: reclusão de 5 (cinco) a 15 (quinze) anos e pagamento de 500 (quinhentos) a 1.500 (mil e quinhentos) dias-multa.
[15]"Deveria ser tombado o patrimônio do bairro, sirvo pra mãe mostrar pro filho o fim do caminho errado" (*Aperte o gatilho por favor*, Facção Central), letra de rap que aborda problemas sociais ligado ao uso de drogas.

comunidade em que vivemos. Esse reconhecimento contém códigos que o mantêm em seu lugar. Como exemplo, podemos citar o código de conduta de meninos moradores de rua e usuários de *crack* que, ao pedir água para o dono de um estabelecimento comercial, faz um sinal sem entrar no estabelecimento para não *incomodar* os demais clientes (LESCHER; SARTI, *et al*, 1998). Essa ação é uma amostragem de saber acerca do lugar de onde se é reconhecido pelo Outro. Infelizmente, esse lugar pode ser nomeado em qualquer via pública, geralmente chamado sarjeta.

Um dado clínico ao longo da História moderna é que a ideia de monstruosidade é sempre indicadora de um recalque. Justificamos: a figura do monstro vem naquilo que rompe com o que o narcisismo dita como humano. Dessa forma, não é raro que autores de crimes que chocam a nossa sociedade sejam classificados de monstros pela população de modo geral. A questão da aversão, discutível ou consentida dentro de nossa moral social, sempre nos remete à experiência com o recalque pelo horror àquilo que não deve fazer parte de nós. Ou seja, o que há de mais monstruoso no que é chamado zumbi do *crack* é nosso descontentamento com a própria condição e um certo fascínio por aquele que fez escolhas que não passam pelos mesmos rituais de sacrifício dos bem adaptados, compromissos familiares, rotina em ambiente de trabalho etc.

De acordo com um jogo de representações veiculado pelas campanhas de combate às drogas, aquele que usa *crack* desafia a morte, ou pior, vive enquanto morto. Por conseguinte, quem suspeitar que, sob a pele ou a consciência, possui algo de estranho ou imoral, pode querer se lançar em sua pesquisa psicofarmacológica e se tornar monstro, super-herói ou até mesmo zumbi, como alardeou uma campanha de gosto duvidoso veiculada em 2013 (*Zombie: A origem*, 2013).

Essa imagem do usuário não é unilateral. Assim como na música do grupo de rap Facção Central, "olham pra mim como se eu fosse extraterrestre, esquelético, feridas na pele, tipo monstro de filme *trash*" (TADDEO, 2003), é comum ouvir dos próprios usuários essa referência ao zumbi. Portanto, devemos destacar que a ilegalidade, atrelada aos telejornais no estilo *show business*, reforçam identidades nas quais o reconhecimento social se encontra colado ao preconceito e à violência. Segundo Lacan, o preço do desejo é uma libra de carne, referência do psicanalista ao conto *O mercador de Veneza*, de Shakespeare. Já o usuário de *crack*, cercado entre a violência policial e rígidas ofertas de tratamento, paga um preço sobretaxado para o seu uso. Muito além do custo de sua droga ou dos danos à saúde, esse usuário "paga com a vida ou com o sacrifício do nome" (ROSA, 2006), sendo tratado enquanto usuário anônimo ou fazendo uso e sendo visto como zumbi.

Por que impomos ao usuário essa sobretaxa? Porque é difícil para o dito "cidadão de bem", ressentido de seus costumeiros sacrifícios cotidianos, alarmado pelo alto preço de sua pertença à uma sociedade que está a lhe oferecer a sarjeta diante de qualquer deslize, aceitar que quem não segue as mesmas regras possa sobreviver. O automatismo de uma vida burocratizada, na qual se mortifica o próprio desejo, faz com que a sobrevivência do outro acuse na própria existência a suspeita de que ali só restou um zumbi.

Referências

ALENCAR, R. "Por que a Guerra às drogas? Do crack na política ao *crack* do sujeito." Dissertação de mestrado, PUC, SP, 2012.

___________. "O atendimento aos usuários de drogas nos serviços de CAPS A.D." Monografia para conclusão de curso. Faculdades de Guarulhos, 2008.

ARANTES, M.A. "Para mim, Paraty: alcoolismo e loucura em Lima Barreto." Revista eletrônica de saúde mental, álcool e drogas, v. 4, n 1, artigo 9, 2008. Disponível em: *http://pepsic.bvsalud.org/scielo.php?script=sci_pdf&pid=S1806-69762008000100010&lng=pt&nrm=iso&tlng=pt.* Acesso em 5/7/2008.

BARRETO, L. "O cemitério dos vivos" (1920). Brasília: Ministério da Cultura. Disponível em: *http://www.dominiopublico.gov.br/download/texto/bn000047.pdf.*

BAUDELAIRE, C. *Paraísos artificiais: o ópio e poema do haxixe*. Porto Alegre: L&PM Pocket, 1998.

BOECHAT, Y. "O *crack* avança nos canteiros e corrói empregos e sonhos dos operários". *Brasil Econômico*, 27/2/2012. Disponível em: *http://economia.ig.com.br/naesteira-do-pac-o-crack-toma-conta-de-vilarejo-as-margens-do-r/n1597651377933.html*. Acesso em 10/10/2014.

BRASIL. Subchefia para Assuntos Jurídicos. "Sistema Nacional de Políticas sobre Drogas", 2006. Disponível em *http://www.planalto.gov.br/ccivil_03/_ato2004-2006/2006/lei/l11343.htm*. Acesso em 5/2/2011.

______________. Ministério da Saúde. "A Política do Ministério da Saúde para a Atenção Integral a Usuários de Álcool e outras Drogas", 2004.

CARNEIRO, H. "Autonomia e heterenomia nos estados alterados de consciência", In *Drogas e cultura: novas perspectivas*. Salvador: EDUFBA, 2008.

____________. *Bebida, abstinência e temperança: na História antiga e moderna*. São Paulo: Senac, 2010.

COURTWRIGHT, D.T. *Forces of Habit: Drugs and the Making of the Modern World* [*Forças do hábito: drogas e a construção do mundo moderno*]. Harvard University Press, 2001.

ENGELS, F. *A situação da classe trabalhadora na Inglaterra*. São Paulo: Boitempo, 2010.

ESCOHOTADO, Antonio. *Historia general de las drogas*. Madrid: Alianza, 1989/1998.

____________. *Aprendiendo de las drogas: usos, abusos, prejuicios y desafios*. Barcelona: Anagrama, 1995/2010.

FREUD, Sigmund. "Sobre a coca" (1884), In *Revista da Associação Psicanalítica de Porto Alegre*. n. 26, 2004.

____________. "Informe sobre a cocaína de Parke" (1885), In CESAROTTO (org.) *Um affair freudiano: os escritos de Freud sobre a cocaína*. São Paulo: Iluminuras, 1989.

____________. "Observações sobre o cocainismo e a cocainofobia" (1887), *idem*.

LESCHER, A.D.; SARTI, C. *et al*. *Cartografia de uma rede: Reflexões sobre o mapeamento da circulação de crianças e adolescentes em situação de rua da cidade de São Paulo*. São Paulo: Projeto Quixote, 1998.

MACHADO, A.R.; MIRANDA, P.S.C. "Fragmentos da história da atenção à saúde para usuários de álcool e outras drogas no Brasil: da Justiça à Saúde Pública", In rev. *História, Ciências, Saúde*, v. 14, n. 3, pp. 801-821. Manguinhos, jul-set 2007.

MARKEL, H. *An Anatomy of Addiction: Sigmund Freud, William Halsted, and the Miracle Drug Cocaine* [*Uma anatomia do vício: Sigmund Freud, William Halsted e a miraculosa droga cocaína*]. Nova York: Vintage Books, 2012.

NARDI, H.C.; RIGONI, R.Q. "Marginalidade ou cidadania? A rede discursiva que configura o trabalho dos redutores de danos", In *Psicologia em estudo*, v. 10, n. 2, mar/maio, pp. 273-282. Maringá, 2005.

RODRIGUES, T. *Narcotráfico: uma guerra na guerra*. São Paulo: Desatino, 2003.

ROSA, M.D. "Gozo e política na Psicanálise: a toxicomania como emblemática dos impasses do sujeito contemporâneo", In RUDGE, A.M. (org.). *Traumas*, 1ª ed. São Paulo: Pulsional, 2006, pp. 101-111.

SAPORI, L.F. *A problemática do crack na sociedade brasileira: o impacto na saúde pública e na segurança pública*. Belo Horizonte: PUC, 2010.

SCHIVELBUSCH, W. *Tastes of Paradise*: A Social History of Spices, Stimulants, and Intoxicants [*Sabores do paraíso: uma história social de temperos, estimulantes e intoxicantes*]. Nova York: Vintage Books, 1993.

TADDEO, E. *Aperte o gatilho por favor*. CD *Direto do campo de extermínio*, Facção Central, 2017.

UNODC. *Relatório global sobre drogas e crime*. Escritório de Drogas e Crime das Nações Unidas, 2013.

VARGAS, E.V. "Fármacos e outros objetos sociotécnicos: notas para uma genealogia das drogas", In LABATE et al, *Drogas e cultura*: novas perspectivas. Salvador: EDUFBA, 2008.

Sobre o autor

Rodrigo Alencar é psicanalista, doutor em psicologia clínica pelo IP — USP, Mestre em Psicologia Social pela PUC — SP. Membro do laboratório de Psicanálise, Sociedade e Política da USP. Autor do livro *A fome da alma: psicanálise, drogas e pulsão na modernidade* (Benjamin, 2018).

Todos sabemos o quanto o mercado brasileiro é deficitário em publicações psicanalíticas. Há poucos títulos e, muitas vezes, os autores interessados em fazer público seu trabalho encontram longos e penosos caminhos a percorrer. As dificuldades em divulgar o trabalho não somente prejudicam os possíveis autores, mas também toda a comunidade psicanalítica que, com poucos títulos à disposição, tem mais dificuldades para acompanhar o desenvolvimento de trabalhos clínicos e teóricos em nossa área. Assim sendo, a comunidade analítica brasileira, como um todo, sai prejudicada.

Levando esse fator em consideração, a Aller Editora busca publicar seus títulos com agilidade e sérios padrões de qualidade — garantidos por um criterioso conselho editorial —, divulgando e contribuindo para o debate da psicanálise na pólis e seu consequente crescimento.

Impressão e Acabamento
Bartira
Gráfica
(011) 4393-2911